Rainer Preusse

System Extrem

-

Wie systemisch implementierte Denkschablonen

unseren Alltag beherrschen

Rainer Preusse

System Extrem

-

Wie systemisch implementierte Denkschablonen

unseren Alltag beherrschen

Impressum

Bibliografische Information der Deutschen Nationalbibliothek:
Die Deutsche Nationalbibliothek verzeichnet diese
Publikation in der Deutschen Nationalbibliografie;
detaillierte bibliografische Daten sind im Internet
über http://dnb.dnb.de abrufbar.

„Wenn die Wahrheit uns missfällt, dann lügen und lügen wir so lange, bis wir nicht mehr wissen, was wahr ist. Jede Lüge, die wir erzählen, geht zulasten der Wahrheit. Irgendwann erhalten wir dafür die Quittung."

Waleri Legassow

„Sei` du selbst die Veränderung, die du dir
wünschst für diese Welt."

Mahatma Gandhi

„Niemand ist weiter von der Wahrheit entfernt als derjenige, der alle Antworten weiß."

\-

Zhuangzi

"Wir stehen am Rande einer weltweiten Umbil-
dung, alles was wir brauchen, ist die richtige all-
umfassende Krise und die Nationen werden in die
neue Weltordnung einwilligen."

–

DAVID ROCKEFELLER

Der Autor nutzt in diesem Buch seinen Grundrechteschutz entsprechend Artikel 5 GG Absatz 1 Satz 1 und 2 sich frei zu äußern

Inhaltsverzeichnis

VORWORT

EINLEITUNG

Wer bei diesem Buchtitel eine rein wissenschaftliche Abhandlung erwartet, der ist definitiv zu kurz gesprungen. Vielmehr ist es ein auf Fakten basierender Augenöffner und mit klar definierten Ansagen untermauerter Protest gegen die systemischen Verfehlungen unserer Zeit. Klar verständliche Wortsalven und scharf schießende Satztorpedos sollen zum Auf- und Umdenken, sowie zum Handeln animieren.

Dass an einigen Stellen die politisch verordnete verbale Korrektheit ad acta gelegt wird, sollte somit einleuchten. Schwere Zeiten erfordern jedenfalls gewichtige Wortgeschütze.

Um den Lesefluss gewährleisten zu können, ist dieses Werk in mehrere Blöcke aufgeteilt:

Start	Einleitung
Block 1	Politischer Block
Block 2	Medien- und Kulturblock
Block 3	Klimablock
Block 4	Philosophischer Block
	Im philosophischen Teil werden wir es uns mit Spitzzüngigem Humor und Querdenkereien ein wenig gemütlich machen. Frei nach Schnauze und fernab von Konventionen heißt hier die Devise:

„Kindern erzählt man Geschichten zum Einschlafen - Erwachsenen, damit sie aufwachen.“[1]

Block 5   Gesundheitsblock
               Hier biegen wir in die Zielgerade ein und heilen noch unsere mentalen und physischen Wunden.
Nachwort   Dies bietet vermutlich für den ein oder anderen ein paar Überraschungen und schließt dieses Buch endgültig ab.

Es wird also eine kunterbunte Achterbahnfahrt durch den alltäglichen Wahnsinn geboten, ohne den Sinn für Humor zu verlieren, was in heutigen Zeiten enorm wichtig geworden ist. Ich heiße hiermit jeden herzlich Willkommen, der seine Denkschablonen und Blockaden eliminieren möchte.

„Sei du selbst die Veränderung, die du dir wünschst für diese Welt“[2]

---

[1] Jorge Bucay Quelle:
https://beruhmte-zitate.de/zitate/680498-jorge-bucay-kindern-erzahlt-man-geschichten-zum-einschlafen-/
[2] Mohandas Karamchand Gandhi

DAS SYSTEMISCHE ENDSPIEL

Wie konnte es soweit kommen?

Diese Frage stellen wir uns im vollen Bewusstsein, da das Endspiel noch bevorsteht. Doch dieses Mal kann keiner von sich behaupten, er hätte von nichts gewusst. Zu offensichtlich stellen sich die Verfehlungen eines vor etlichen Monden gescheiterten Systems faktisch dar. Das Recht und die Naturgesetze werden in Form von alternativ, nachgerichteten Fakten und Werbekampagnen ad absurdum geführt, die Wahrheit nahezu ausgeweidet und vergewaltigt. Das Richtige und das Falsche wird als der Kampf zwischen dem Guten und dem Bösen auf höchst emotionaler Basis ausgetragen und von Interessensgemeinschaften instrumentalisiert. Als Grundlage für das neue Maß aller Dinge spielt sich der Kulturmarxismus[3] mit totalitärer Durchschlagskraft in den Fokus der Geschehnisse.

---

[3] Die Kontrolle des kulturellen Lebens wie z. B. Theater usw. Hauptaugenmerk ist hier Rassenverleug-
nung,Geschlechtergleichstellung usw.

Kulturmarxismus? Eine Erfindung der alternativen Medienlandschaft oder etwa eine neue Abart der Diktatur?

Der Kulturmarxismus äußert sich im Grunde genommen als *„Nationalismus/Kommunismus light"*. Das propagierte Gutmenschentum suggeriert eine moralische Überlegenheit, die auf, zugegeben subtile Art und Weise, ihre extremistischen Tendenzen und diktatorischen Konsens an den Qualitätsmenschen (männlich/weiblich/divers) bringt. In den folgenden Kapiteln wird uns der bevormundende und herrische Charakter des *„Allheilmittels"* Kulturmarxismus ein stetiger Begleiter sein und unseren moralischen Kompass immer wieder gewaltsam den Weg gen Süden weisen wollen.

Die Menschheit zeigt sich in ihrer aktuellen Verfassung als Schiff ohne Ruder. Jegliche mediale und politische Propaganda zielt auf die niedersten Instinkte und den damit irrational behafteten Emotionen ab. Ein öffentlicher Diskurs ist ebenfalls nicht mehr im Bereich des Möglichen, da man mit *„denen"* nicht redet.

→   *„Denen"* sind in diesem Falle Du und ich.

Die sogenannten Verschwörungstheoretiker und Rechtsradikalen, die in der Realität nicht in vorgefertigte Denkschablonen gedrückt werden können und im

Grunde genommen nur andersdenkende, freiheitsliebende oder Querdenker sind. Eine Demokratie ohne Opposition ist faktisch eine Diktatur, Ihr *„nicht mit den anderen nicht reden wollenden"*, rot-grünen Bessermenschen.

Doch in absehbarer Zeit wird sich die Spreu vom Weizen trennen und das große Endspiel geht in die Finalrunde. Der Nationalismus und Kommunismus haben verbrannte Erde hinterlassen und eine neue Begrifflichkeit für die neue Herrschaftsform „muss" zwingend etabliert werden. Die Diktatur ist Tod, es lebe die Diktatur! Die Definition des Kulturmarxismus ist prinzipiell ein schwieriges Unterfangen. Ich versuche mich in der subjektiven Erläuterung, hege jedoch keinen Anspruch auf Richtigkeit.

> *„Der Kulturmarxismus ist eine gleichmacherische, tendenziös abgeschwächte Form des Extremismus, der das Individuum als solches nicht anerkennt und eine Gleichschaltung der Gesamtheit ideologisch einfordert, ohne den Bezug auf Natur und Recht zu berücksichtigen."*[4]

---

[4] Rainer Preusse (Autor dieses Buches)

BLOCK 1: POLITISCHER TEIL

DIE EINEN FÜHREN UND DIE ANDEREN FOLGEN

- (K)eine Wahl
- Ihr seid nicht mehr
- Grün – die Farbe der Hoffnung
- Nie wieder Deutschland

(K)eine Wahl

Alle Jubeljahre ist es wieder so weit. Die Lämmlein gehen zur Schlachtbank und die ausgewachsenen Schafe suchen sich die Farbe ihrer Zäune aus. Die graue Masse gibt ihre Stimme ab, anstatt sie zu erheben. Die Wahlen stehen an.

→　　**Eines sei vorab erwähnt:**

Seit Einführung der Wahlen ergab sich keine Änderung des Grundtenors in der Politwelt. Völlig irrelevant, wer sich gerade Regierung nennen durfte - es blieb stets alles beim Alten. Nur die Schauspieler wurden gelegentlich ausgetauscht. Aber das alles ist und bleibt reine Makulatur.

"Diejenigen, die entscheiden, sind nicht gewählt und diejenigen, die gewählt werden, haben nichts zu entscheiden."[5]

Zu diesem Zitat von Horst Seehofer kann ich nur eines beisteuern. Auch ein blindes Huhn findet mal ein Korn. Da ist wohl jemandem aus Versehen die Wahrheit rausgerutscht. Ein dummer Fehler, Horst.

---

[5] https://de.wikiquote.org/wiki/Horst_Seehofer

Doch warum predigen die Systemmedien, Lehrer und Unwissenden stetig die Wichtigkeit der Wahlen, obwohl sie bewiesenermaßen nichts ändern?
Lasst uns mal weiter als von zwölf bis Mittag denken. Das System ist in sich schlüssig. Jeder der zur „Wahl" geht, unterliegt ihm und ist ihm in Folge treu ergeben. Um den Lemmingen die Wahl zu lassen, von welcher Klippe sie sich stürzen, werden Laienspiele abgehalten. Sie sollen Alternativen aufzeigen. Außer dem äußeren Anstrich ändert sich jedoch nichts. Farbspiele, wie oben schon bemerkt. Der Inhalt wird allerspätestens nach den Wahlen ergrauen.

Doch wofür dieses kostenaufwendige Theater?
Ablenkung. Wie immer. Nach der Wahl bekommt jeder Wähler einen aufbauenden Klaps auf den Allerwertesten und wird für sein Engagement gelobt. Die Auswahl des persönlichen Schlächters.

„Wenn Wahlen etwas ändern würden, wären sie verboten!" [6]

So und nicht anders sieht es aus. Es waren und sind keine Veränderungen der Begebenheiten gewünscht, geschweige denn geplant.

---

[6] https://genius-verlag.de/blog/2017/09/15/wenn-wahlen-etwas-aendern-wuerden-waeren-sie-verboten-kurt-tucholsky/

Nur wie ist das möglich?

Indem DU persönlich zur Schlachtbank rennst und diesem System DEINE Stimme gibst! Ja genau! Du wählst mit Deiner Stimme keine Partei, keinen Kanzler und schon gar nicht eine Veränderung. Du wählst einzig und allein den Fortbestand des bestehenden Systems. So bitter es klingt, umso logischer ist es auch. Jetzt, die alles entscheidende Frage:

Wenn Wahlen doch nichts ändern können, wie kann ich dann einen Einfluss auf die Dinge nehmen?

1. Teil: Leider nur im geringen Rahmen, wenn Du Angst vor Repressalien hast. Deine Umgebung wird Deine Entscheidung torpedieren. Denn sie wissen nicht was sie tun.

Diese Frage muss in zwei Teilen beantwortet werden:

2. Teil: Indem du Deine Stimme behältst und sie nicht abgibst. Wenn alle mündigen Bürger ihre Stimme bei sich behalten, könnten sie sie erheben und dem System somit eine Abfuhr erteilen. Änderungen würden somit erzwungen. Zweifelhaft bleibt nur, ob man wirklich alle Lämmer, Schafe und Lemminge vor ihrem Unheil bewahren kann. Die Wahlpropaganda ist in der Tat erdrückend und allgegenwärtig.

Es gibt also ein Licht am Ende des Tunnels. Zeigen wir den Eliten, dass WIR in der Überzahl und nicht durchregierbar sind, indem WIR laut werden. Mit UNSERER Stimme! Nur sie klingt nach Freiheit. Nicht der Tenor der Marionetten. Wer jetzt immer noch der Meinung ist, dass er durch Wahlgänge seinen Kopf aus der Schlinge ziehen kann, dem möchte ich abschließend Folgendes mit auf den Weg zur Schlachtbank geben:

→ **Punkt 1: Das Behältnis für die Wahlzettel schimpft sich URNE**
→ **Punkt 2: „Die Definition von Wahnsinn ist, immer wieder das Gleiche zu tun und andere Ergebnisse zu erwarten."[7]**

#IHR SEID NICHT MEHR

Ein 35-jähriger Mann wird in Chemnitz auf einer öffentlichen Feierlichkeit mit einem Messer niedergestochen. Um die Sache nicht unnötig in die Länge zu ziehen, er erliegt den Messerstichen. Die Tatsache wiegt schwer genug, als dass wir dieses Thema jetzt erneut ausschlachten müssten. Im Folgenden treffen sich Angehörige und unbeteiligte Bürger, um ihrer Trauer Ausdruck zu verleihen. Sie halten inne, sie vermissen, sie zweifeln. Tränen laufen ihre Wangen herunter.

Die Ereignisse bekommen eine Eigendynamik. Mehr oder minder parallel entsteht eine Demonstration, initiiert durch Bürger, die ihrem Entsetzen Ausdruck verleihen wollen. Von Politik und Medien sträflich allein gelassen, wollen sie ihre Rolle als Freiwild nicht mehr hinnehmen. Aber eine Demo kommt selten allein und so begab es sich, dass eine Gegendemonstration mobilisiert wurde. Die Antifa stellte in diesem Falle einen Großteil der Protagonisten.

Über ein Megafon wurden Zahlen für die schwarze Schar durchgegeben.

Welche Zahlen?
Die Antifa besitzt gesponserte, systemkonforme Anwälte, deren Nummer für die gewaltbereiten De-

monstranten eine wichtige Funktion erfüllt. Die sogenannte rote Hilfe. Sollte es von der Polizei gegen allen Erwartungen mal einen *„Rüffel"* geben, können sich die Gewalttäter über die oben beschriebene Nummer per Notdienst von den hauseigenen Anwälten befreien lassen. Man mag es nicht für möglich halten. Also ist die Gewalt offensichtlich schon vor den Demos fest eingeplant. Ansonsten wären diese Notfallnummern überflüssig zu erwähnen. Dass die Antifa staatlich subventioniert wird, ist schon des längeren bekannt. Diese Steuergelder werden augenscheinlich gut reinvestiert und zur Sicherung des Schwarzen Blocks aufgewendet.

Spielen wir mal was durch:

> Eine schwarz uniformierte Armee mit Hang zur Gewalt zieht durch die Straßen und geht brutal gegen das eigene Volk vor, um die Interessen der Machthabenden durchzusetzen.

Dämmert es?
Das hatten wir schon mal. Geschichte wiederholt sich.

Doch war die Antifa nicht ehemals gegen dieses kapitalistische System?
Diese Ansichten scheinen sich relativiert zu haben. Allein die Tatsachen, dass die schwarze Kleidung aus namhaften Edelmarken zusammengestellt wird, lässt

die Vermutung offen, dass der Kapitalismus auch diese Gruppierung unterwandert hat. Gut gekleidet für den angeblichen Erzfeind in die Schlacht. Die neue Angela Merkel Schutzstaffel. Welch schizophrene Grundausrichtung.

Doch zurück zur Demo. Die Trauernden werden von aggressiven Gegendemonstranten bedrängt und als Nazis tituliert.

Moment!

Begegnet man diesen Informationen sachlich, ist der Zusammenhang zwischen Trauer und Nationalsozialismus nicht schlüssig. Das Letzte, woran die Trauergemeinde vermutlich dachte, war der Nationalsozialismus. Trauernde als Nazis zu beschimpfen ist somit unrecht und völlig aus der Luft gegriffen. Das ist Fakt.

Die Demo der Bürger verlief stattdessen weiter. Es dauerte nicht lange und erste bewegte Bilder der Demo gingen durch die Mainstreammedien. Bürgerkriegsähnliche Hetzjagden und gewaltsame Handlungen flimmerten über die Mattscheiben. Mit Nachdruck wurde über die Hetzjagden auf Ausländer und Asylbewerber Bericht erstattet. Schnell war ein Name für den „Krieg" in Chemnitz gefunden. *„Die Schande von Chemnitz"* war geboren. Alles passte wie die Faust aufs Auge in das Schema der Systemmedien. Endlich konn-

te man dem *„braunen Naziosten"* medial den Todes-
stoß versetzen.

*Doch was diente den Medien als Quelle für die
angeblichen Hetzjagden?*
Ihr werdet es kaum glauben. Ungeprüfte Quellen und
selbstgedrehte Amateurvideos von Antifa-
Angestellten. Anfangs ahnte noch keiner den Betrug
und der Plan der Medien schien aufzugehen.

Doch das alles war nur die Spitze des Eisbergs. Am 3.
September 2018 wurde wie aus dem Nichts ein Festival aus dem Boden gestampft. #Wir sind mehr.

Ziel der Veranstaltung: Ein Zeichen gegen die Gewalt
und gegen Ausländerfeindlichkeit.

Kein Thema hingegen: Gewalt gegen Inländer und die
grundlose Ermordung eines Unschuldigen.

Toleranz mal anders. Alle namhaften Systempopper
geben sich die Klinke in die Hand und waren schwers-
tens damit beschäftigt den Todesfall zu relativieren
beziehungsweise zu ignorieren. Die nicht stattgefun-
denen Hetzjagden hingegen wurden thematisch aus-
geschlachtet. Aber es gibt doch noch einige Fragen am
Rande, die in den Hintergrund gerieten.

Wie um alles in der Welt war es möglich derart spontan ein Festival für 65.000 Menschen zu organisieren, welches durch die Bank aus potenziellen Headlinern besteht?
Wir alle wissen, dass die Bürokratie in Deutschland im Schneckentempo arbeitet.

Wurden wirklich alle Genehmigungen zeitnah erteilt?

Wurden die Sicherheitsauflagen erfüllt? Gab es überhaupt welche? Warum waren die gebuchten Künstler spontan verfügbar?
Ich würde dies bezüglich gerne mal mit professionellen Veranstaltern sprechen, die nahezu das ganze Jahr in Vollzeit ihre Festivals planen und sich darüber hinaus mit den Behörden auseinandersetzen müssen.

Tagelang ging *„Die Schande von Chemnitz"* durch die Medien. Doch die systemhörigen Berichterstatter hatten die Rechnung ohne den Wirt gemacht. Immer mehr Menschen, die tatsächlich an den Demos beteiligt waren, meldeten sich zu Wort und hatten hieb und stichfeste Beweise dafür, dass die berichteten Hetzjagden so nicht stattgefunden haben. Es wurde unangenehm für die Medien, da sie ihre Thesen nicht weiter halten konnten. Auch die Politik musste relativieren. Das Hetzvideo vom Herausgeber Zeckenbiss musste als vertrauenserweckende Quelle widerlegt werden.

Jetzt meldeten sich sogar Reporter aus der Mainstreamecke zu Wort und revidierten, dass es die Hetzjagden gab und sprachen von vereinzelten Rangeleien unter Demonstranten. Hört sich doch schon ganz anders an.

Framing als absolute Wahrheit?

Wikipedia definiert das Framing folgendermaßen (Auch, wenn ich ein Kritiker dieser Plattform bin, habe ich dieser Definition nichts hinzuzufügen):

„Framing (englisch Frame: „Rahmen") ist der Prozess einer Einbettung von Ereignissen und Themen in Deutungsraster. Komplexe Informationen werden dadurch selektiert und strukturiert aufbereitet, sodass eine bestimmte Problemdefinition, Ursachenzuschreibung, moralische Bewertung und/oder Handlungsempfehlung in der jeweiligen Thematik betont wird. In der Publizistik herrscht ein heterogenes Begriffsverständnis. Während die einen Frames in Anlehnung an das Schema-Konzept als kognitive Strukturen, Interpretations- und Deutungsmuster zur Informationsverarbeitung verstehen, sprechen andere von Tiefenstrukturen, die Medientexten zu Grunde liegen."[8]

---

[8] Wikipedia

Anhand dieser Definition können wir nun feststellen, dass die Konsumenten der Mainstreammedien massenpsychologisch indoktriniert werden sollten. Diesmal hat es glücklicherweise nicht gefruchtet. Doch es bleibt ein ganz fader Beigeschmack bestehen. Wie so oft rutschte die Unwahrheit in den letzten Jahrzehnten ungebremst als Tatsache durch und verursachte Schäden an Mensch und Geist.

Welchen Wahrheitsgehalt sollte man den sogenannten Qualitätsmedien überhaupt noch einräumen?
Und die alles entscheidende Frage ist:

Welcher Berufsnarzist profitiert von der Pseudologia Phantastica?

GRÜN – DIE FARBE DER HOFFNUNG

Am letzten Wochenende schaffte es Deutschland und wählte sich endgültig ab. Rien ne va plus - nichts geht mehr. Finis Germania. Leute, das war`s. Bei den Europawahlen regierte die pure Anarchie. Die Grünen wurden die zweitstärkste Kraft hinter der völlig desolaten CDU. Versteckt Eure Kinder und erwartet die wilden Horden. So das neudeutsche Credo.

Wie es dazu kommen konnte?
Man weiß es nicht so genau. Im tiefsten Inneren wünscht man sich eine Wahlmanipulation herbei, nur um seinen Mitmenschen noch in die Augen gucken zu können. War grün doch ehemals die Farbe der Hoffnung, so bedeutet sie nunmehr den Untergang einer ganzen Kultur.

„Es ist mir mehrmals passiert, dass einige Kinder meinen Hosenlatz geöffnet und angefangen haben, mich zu streicheln. Ich habe je nach den Umständen unterschiedlich reagiert, aber ihr Wunsch stellte mich vor Probleme. Ich habe sie gefragt: „Warum spielt ihr nicht untereinander, warum habt ihr mich ausgewählt und nicht andere Kinder?' Aber wenn sie darauf

bestanden, habe ich sie dennoch gestreichelt. Da hat man mich der ‚Perversion‘ beschuldigt.[9]

Das wollt Ihr wirklich?

Pädophiles Gedankengut in die Welt, beziehungsweise nach Europa hinaustragen?

In diesen Tagen schäme ich mich meiner Mitbürger und beerdige unsere ehemalige Nation vor meinem geistigen Auge. Doch der Siegeszug dieser *„kinderfreundlichen“* Partei war kein Zufall. George Soros persönlich leitete den Vormarsch der Partei ein, indem er verkündete:

„Die Hoffnung für Deutschland sind die Grünen!“[10]

Und wie der Teufel es so will, sind sie nun ganz dick im Geschäft. Ein Schelm, der Böses dabei denkt.

Aber warum um alles in der Welt sind diese gewalttätigen Extremisten überhaupt in der Lage einen Gipfelsturm zu eruieren?

Ganz klar! Die deutsche Demenz ist dafür ausschlaggebend. Der wilde Josef zum Beispiel wird heute nicht mehr mit seiner Vergangenheit in Verbindung gebracht. Ein schwerwiegender Fehler. Gegen den Einmannsturmtrupp Joschka wurde wegen Landfriedensbruchs, Bildung einer kriminellen Vereinigung und so-

---

[9] Daniel Cohn Bendit – Bündnis 90 – die Grünen

[10] George Soros

gar versuchten Mordes ermittelt. Ein ganz normaler Politiker denkt Ihr Euch nun. Diese Schandtaten spielten sich im Übrigen auf einer Demo für RAF-Terroristin Ulrike Meinhof ab. Als, wenn das alles nicht genug wäre, teilte Joschka sich mit Daniel Cohen-Bendit eine Wohngemeinschaft. Siehe erneut das Zitat oben. Abgründe tun sich auf.

Die Krone der Dummheit aber darf die unangefochtene Grünenführerin für sich allein beanspruchen. Die hasserfüllte Frau Roth. Völlig berauscht stammelt sie Satzfragmente zusammen, die von der Sonne dem Mond und den Sternen in der Türkei berichten sollen.

Der Anlass für diese Äußerungen?
Es gibt keinen.

„Türkei ist für mich zweite Heimat. Ich mache seit 20 Jahren Türkeipolitik, das ist viele Jahre. Und ich liebe die Menschen in der Türkei. Und ich liebe die Konflikte in der Türkei, es gibt immer wieder Probleme, immer wieder Konflikte. Mir gefällt in der Türkei Sonne, Mond und Sterne, mir gefällt, Wasser, Wind. Mir gefallen die Meze, mir gefallen Kichererbsen Püree, mir gefallen Börek. Ich kann gute Börek machen. Ich fühle mich einfach zuhause."[11]

---

[11] Grünenchefin Frau Roth

Welch hochtrabend geistige Ergüsse, die ich Euch nicht vorenthalten möchte. Abgesehen von den grammatikalischen Ungereimtheiten ist dieser Text vollkommen sinnbefreit.

Zielführendes Denken war noch nie Claudis Steckenpferd. Sie macht nach eigenen Aussagen Politik FÜR Deutschland und läuft bei Demos den Angela-Merkel-Schutzstaffel-Plakaten hinterher, die Menschen verachtender nicht sein könnten. *„Deutschland verrecke"* und *„Deutschland du mieses Stück Scheiße"* zieren die Banner der schwarzen Scharen. Volksverhetzung und Aufruf zur Gewalt in Reinkultur. Selbst Hitlers Schergen gingen ein wenig subtiler vor. Diese Art von Propaganda ist Ermutigung zum Völkermord. Dies nur am Rande erwähnt. Diese Frau hat keine Ausbildung und möchte in Deutschland das Volk fortbilden, sich selbst abzuschaffen.

„Am Nationalfeiertag der Deutschen ertrinken die Straßen in einem Meer aus roten Türken-Flaggen und ein paar schwarz-rot-goldenen Fahnen".[12]

Vom sedierten *„Volke"* gewählt. Denkt mal drüber nach. Doch es scheint noch helle Momente innerhalb der Partei zu geben:

---

[12] Die Wunschvision von Claudia Roth zum Tag der Deutschen Einheit im Jahre 2005

Einsicht ist bekanntlich der beste Weg zur Besserung. Nur leider sind diese Momente der Erleuchtung bei den Protagonisten eher temporär. Netto unter dem Strich bleibt Hass und Extremismus mit einer Messerspitze Pädophilie als primärer Antrieb. Das Zeug aus dem souveräne Politik anscheinend gemacht ist. Politik du mieses Stück Scheiße.

---

[13] Cem Özdemir

Nie wieder Deutschland

Das folgende, kurze Kapitel entstand aus dem Affekt und ist somit sehr aktuell. Vor circa 2 Wochen fand ein Fußballspiel in der zweiten Liga statt.

Soweit nichts Außergewöhnliches.

Die beiden Mannschaften stellten die Dynamo (Dresden) und der FC St. Pauli (Hamburg).

Immer noch nicht wirklich außergewöhnlich.

Doch auf Grunde der konkurrierenden Fanlager eine sehr pikante Konstellation. Fangesänge und erhitzte Gemüter waren logischerweise auf beiden Seiten präsent.

Doch was hörte man aus dem Hamburger Fanblock?
Immer wieder tönte es lautstark: „*Nie wieder Deutschland!*" Der Tatbestand der Volksverhetzung war somit erfüllt. Ich lehne mich mal weit aus dem Fenster. Das Paulianer-Publikum besteht überwiegend aus linksgerichteten Menschen deutscher Herkunft.

Also ein offizieller Aufruf zum Suizid von Menschen, die Volksverhetzung aus tiefster Überzeugung ablehnen?
Doch ich kann mir an dieser Stelle ein Schmunzeln nicht verkneifen.

Ein schwarz uniformierter Mob mit der Vereinsfarbe „Braun" hetzt gegen Menschen ob ihrer Herkunft und macht sich in der Öffentlichkeit gegen Nazis stark?
Eine Ironie des Schicksals.

In der Mainstreampresse war dieser Vorfall nicht existent. Erst Wochen später kam ich durch ein zugespieltes Video an diese Informationen.

Aber was wäre geschehen, wenn die berüchtigten Dresdner „Immer wieder Deutschland" skandiert hätten?
Die Medien hätten mit einer Welle der Empörung sämtliche Portale überflutet. Dieser Vorfall wäre medial ausgeweidet und bis zur absoluten Selbstaufgabe wiedergekaut worden. In einer Schärfe, dass es einer Staatskrise anmuten könnte.

Doch in diesem Falle ging die Volksverhetzung von der Angela-Merkel-Schutzstaffel aus, was diese Straftaten natürlich legitimiert. Keine Empörung. Keine Beschwerden. Kein Mut zum Widerstand. Die Tatsache,

dass wieder einmal eine gut organisierte, schwarz ge-
kleidete Staffel an Extremisten aufmarschiert und die
Demokratie torpediert, lähmt offensichtlich die recht-
schaffenden Bürger. Ansonsten wäre diese Demonstration des Hasses nicht im Sande der Geschichte ver-
laufen, sondern hätte ihn aufgewirbelt.

Aber Folgendes gebe ich zu bedenken: *„Nie wieder
Deutschland"* zieht auch *„Nie wieder Hartz4 nach sich"*
und des Weiteren:

- kein Schutz vor Verurteilungen,
- keine finanziellen Subventionen,
- keine ärztliche Versorgung nach Gewalttaten,
- keine mitmarschierende Claudia Roth, die fleißig die Werbetrommel rührt,
- kein Deutschland,
- kein Feindbild.

BLOCK 2: MEDIEN- UND KULTURTEIL

INTELLEKTUELLE PROSTITUTION – PROPAGANDISTISCHE „QUALITÄTSMEDIEN"

- Verbale Vergewaltigung
- Der Un-Sinn des Jahres
- Pseudologia Phantastica – Von Münchhausen und Pinocchio
- Schweden schafft sich ab: Willkommen im Gaga-Land
- Die falschen Götter
- Seelig sind die im Geiste Armen
- Schon GEZahlt?

VERBALE VERGEWALTIGUNG

Die deutsche Sprache ist äußerst präzise. Es ist anhand der treffenden Begrifflichkeiten jederzeit machbar seinen Konsens dem Gegenüber genauestens zu vermitteln. Im Englischen hingegen sind des Öfteren die verbalen Mittel beschnitten, was die Sprache zugegebenermaßen leichter erlernbar macht. Leider hat sich ein sehr negativer Trend herauskristallisiert. Genauer ist hier von der Entwertung der Begrifflichkeiten durch Torsion der Substanz die Rede. Der Begriff bleibt, die Bedeutung geht.

Doch ist es nicht so, dass die Bedeutung eines Begriffs den eigentlichen Sinn widerspiegeln soll? Immer öfters werden Fachbegriffe oder Ausdrucksformen verwendet, die im Kern Neutralität vermitteln, zu Todschlagargumenten degradiert und mit negativen Assoziationen versehen sind.

Warum?
Die Antwort ist denkbar einfach. Einen andersdenkenden Menschen pauschal als „*Nazi*" zu pulverisieren ist effektiv und zieht dankbare Nachahmer nach sich. Der

Begriff „*Nazi*" ist im Übrigen eine Eigenkreation der Besatzungsmächte. Der „*Nazi*" wurde erst nach dem Krieg geboren. Nur entbehrt diese Abkürzung leider keiner Logik. „*Naso*" wäre hier die richtige Kreation. Nur vermittelt das „*Z*" eine gewisse Schärfe und unterstreicht unterschwellig die Gefährlichkeit „*KZ*".

Warum nicht „KL"?
Siehe oben.

Diskriminierung

Das Wort Diskriminierung hatte es in den letzten Jahrzehnten ebenfalls nicht leicht.

Wem von Euch ist die eigentliche Bedeutung dieses Wortes eigentlich geläufig?

Vermutlich den Wenigsten. Diskriminieren bedeutet im Großen und Ganzen nicht mehr als *„eine Entscheidung treffen"* oder *„für etwas entscheiden"*. Das Wort allein lügt und wertet nicht. Wenn ich mich heute Abend für die Kneipe *„A"* entscheide, entscheide ich mich im Gegenzug gegen alle anderen. Ich diskriminiere somit *„B"*, *„C"*, *„D"* usw.

DU entscheidest Dich für einen Fußballverein, den DU unterstützen möchtest?

Willkommen im Club der Diskriminierer! ALLES im Leben ist Entscheidung. Ohne Entscheidung kein lebensfähiges Umfeld.

Fazit

Diskriminierung ist zwingend erforderlich.

Toleranz

Bist Du tolerant?
Warum eigentlich?

In diesem Falle wäre eine negativ mitschwingende Assoziation pauschal richtig. Wird aber von den Machthabenden leider nicht *„toleriert"*. *„Tolare"* = erdulden.

Toleranz ist im weiteren Sinne eine negativ anerzogene Eigenschaft, die der menschlichen Natur entgegenwirkt. Es war, ist und wird kein positiver Aspekt in der Duldungsstarre zu finden sein.

Fazit

Toleranz schürt Aggressionen und staut sie sogar an. Wut, Frust und Gewalt sind die Symptome der Toleranz. Die Auswirkungen können täglich in den sogenannten *„Bad News"* verfolgt werden.

Rassismus

Rumms. Ein Wort mit Urkräften. Wer es auch nur erahnt, zuckt innerlich und äußerlich gleichermaßen zusammen.

Doch was ist ein Rassist?
Lediglich ein Mensch, der die Andersheit der Rassen anerkennt. Nicht wertet! Ein Schwarzer und ein Weißer stehen sich gegenüber. Der Schwarze sagt zum Weißen: *„Du bist anders! Du bist weiß!"* Der Weiße sagt zum Schwarzen: *„Ich weiß (Wortspiel), Du bist schwarz!"* Beide sind somit offiziell Rassisten. Sie beschließen zusammen in der Kneipe etwas zu trinken. Es entsteht eine lange und intensive Freundschaft zweier andersrassiger Rassisten.

Fazit

Das Wort *„Rassist"* als Todschlagargument nutzt zusehends ab, da es verbal über Jahre hinweg regelrecht ausgeweidet wurde. Und eines legt es dezidiert dar: Die schizophrenen Gedankengänge der Eliten. Durch Propagieren des Kulturmarxismus wird versucht eine *„Gleichmach-Welt"* zu schaffen, in der der Einheitsmensch das Maß aller Dinge sein soll. Sie predigen die Buntheit dieser Welt und schaffen sie postwendend ab? Auch eine Art des Rassismus nach ihrem Verständnis, von dem im Grunde jeder betroffen ist. Flexible Auslegung der Begrifflichkeiten, wenn man so will. Bitte entscheiden, meine Damen und Herren.

Steuern

Endlich mal eine Begrifflichkeit, die jeden gleichermaßen abstößt. Im Grunde wäre aber

illegale Zwangsabgaben an den Staat

die bessere Wortwahl. Die Idee der Steuer ist eine Ziel führende.

*Man kassiert vom Volke einen Obolus, um die Geschicke des Staates zu **steuern**.*

Wäre in dieser Form eventuell vertretbar...

Fazit

Die Steuer wurde zweckentfremdet. Eingeführt, um die Entwicklung eines Staatsbezirkes zu koordinieren, wird sie dazu missbraucht, das Volk zu steuern oder fremde Angriffskriege zu finanzieren. Nicht mehr und nicht weniger. Unsere Zwangsabgaben richten sich somit gegen uns.

Ausbildung

Die meisten von Euch haben sie vermutlich durchlaufen. Offensichtlich ein positiver Begriff, im Kern jedoch negativ belastet. Wer den Begriff in seine zwei Bestandteile zerlegt, kommt dem Kern der Sache deutlich näher. Du lernst. In den meisten Fällen 3 bis 3,5 Jahre. Nach Abschluss der Lehre kannst du für die Allgemeinheit, ob Deines Bildungsstandes produktiv werden. Zwischen den Zeilen wird Dir gesteckt, dass Du somit *„AUS"*gelernt bist.

Die Folge: Durch diese fremdgesteuerte Suggestion wird Dir offeriert, dass weitere Bildung nicht erforderlich ist. Somit fällt die Weiterbildung bei den meisten Menschen durch das Raster und wird dementsprechend vollkommen vernachlässigt.

Fazit

Die meisten von Euch sind gebildet genug, um produktiv zu sein, aber gleichzeitig dumm genug das Prinzip der *„Ausgelerntheit"* nicht zu durchschauen. Stagnation ist die Folge.

Bevölkerung

Vom deutschen Volk ist in den Mainstreammedien schon seit Jahren keine Rede mehr. Der Extremist Habeck von den Grünen äußerte letztlich in einem Interview, dass es kein Volk gäbe. Er ist dem System hier doch schon um Längen voraus. Der Prozess ist schließlich noch im Gange und biegt direkt auf die Zielgrade ein. Nach Beendigung dieser *„Findungsphase"* soll es tatsächlich nur noch eine BEvölkerung geben.

Ergo Durch andere Völker BEsiedelt.

Demokratie

Dieser Begriff wurde schwerwiegend verstümmelt. Die Demokratie ist nämlich eine Dorfherrschaft und keine Volksherrschaft. Also ist der geographische Aspekt in diesem Falle ausschlaggebend, nicht der Personelle. Das macht einen himmelweiten Unterschied. Die alten Griechen führten die Demokratie also ein, um eine KLEINE Zweckgemeinschaft in Gleichheit regierbar zu machen. Die eigentliche Bedeutung bekommt somit einen völlig neuen Anstrich, wie man sieht.

Fazit

Die Demokratie scheiterte an der Geografie. Was in kleinen Gemeinschaften durchführbar ist, versagt auf großer Ebene kläglich. Ein Land in der Größe Deutschlands wird somit immer von Diktaturen gebeutelt sein, was aktuell ebenfalls die Realität widerspiegelt.

Europa = Demokratie?

Europa = Utopie.

Die letzten Demokratien starben in unseren Regionen durch die Beseitigung der germanischen Stämme. Ein Fakt.

Wahlurne

Was denn noch, liebe Leute?

Urne!

Es ist schon fast eine Frechheit, wie die Kameraden Politiker unseren Intellekt verhöhnen. URNE, im Sinne von Behältnis für nicht Lebendes! Wo wir gerade beim Thema sind:

Stimmabgabe: Wer seine Stimme abgibt, kann sie nicht erheben. Ein brutal ehrlicher Wortlaut, diese Stimmabgabe.

Fazit

Die obigen Definitionen Wahlurne und Stimmabgabe sind sehr präzise gewählt und zielführend eingesetzt. Doch wir verstehen sie in einem völlig anderen Kontext. Die Gesinnungsterroristen dirigieren offensichtlich unsere Sprachsubstanzen.

Geldschein

Oder besser Scheingeld.

Das Geld in physischer Form ist an und für sich wertlos. Ein Problem für sich. Durch das ausufernde Nachgedrucke der Banknoten wird es über kurz oder lang auch seinen ideellen Wert verlieren. Die Vorboten der Finanzapokalypse sind die Geschwüre der benötigten Exponentialfunktion[14] des Geldsystems.

Fazit

Euer Geld scheint demnächst nichts mehr wert zu sein. Ist es überhaupt Euer Geld?
Nur bedingt: Über Zwangsenteignungen, wie Steuern und GEZ fließt es über einen kleinen Schlenker zum Ausgangspunkt retour.

---

[14] Mit dieser Skala werden durch bestimmte Funktionen Zerfall und Wachstum berechnet

Unterhaltung

Die Industrie und die Politik sind sehr darauf bedacht, das dumme Volk zu unterhalten. Dies geschieht bevorzugt durch anspruchslose Printmedien (z. B.: Spiegel, Fokus, Stern und Bild), völlig sinnfreie Rundfunkanstalten (ARD, ZDF oder RTL2) oder in staatsnähe, oszillierende[15] Radiosender.

An dieser Stelle eine kleine Entschuldigung:

Ich möchte den Sender RTL2 keinesfalls durch den Bezug zu ARD und ZDF abwerten. Mein Fehler!

Fazit

Brot und Spiele! Über das Überangebot an Berieselungen werdet ihr unten gehalten. Einfach mal den IQ wegstreamen...

---

[15] schwanken

Bürger

Ein Bürger bürgt.

Und zwar für das, was seine Vertreter verbrechen. Klingt nach einer bodenlosen Frechheit?

Definitiv - weil es eine ist!

Es ist schlicht und ergreifend so, dass Ihr für das, was die Politmarionetten anrichten, mit Euer Hände Arbeit geradestehen müsst.

Fazit

Bürgen ist ein Teufelskreis, weil immer die Gleichen verbrechen und die Gleichen geradestehen. Dieser Turnus fällt erst mit dem System.

Personalausweis

Dieser relativ wertlose *„Identifikationsnachweis"* legt die Vermutung nahe, dass der Inhaber deutscher Abstammung sein KÖNNTE. Nachzuweisen ist dieses lediglich durch einen Staatsangehörigkeitsausweis. Wer diesen nicht besitzt, wird als staatenloser Ausländer gelistet.

Wie der Name schon sagt, steht der Personalausweis nur im Verbund mit der Personalie. Also dem staatenlosen Ausländer, der im Prinzip nur ein beschriebenes Stück Papier vor dem Rechtssystem darstellt.

Personal = Personalie

Fazit

Der Inhaber eines Personalausweises ist keine wirkliche Person und im weitesten Sinne nur ein Angestellter der Finanzverwaltung des ehemaligen Deutschlands, des Geschäftsmodells BRD.

Asozial

Asozialität wird im Allgemeinen mit niedrigem Einkommen assoziiert.

Doch ist dem in der Tat so?

Die Antwort lautet auch hier: „*NEIN!*" Niedrige monatliche Erträge können nicht pauschal auf eine niedrige soziale Kompetenz zurückgeführt werden. Vielmehr manifestieren sich die antisozialen Verhaltensmuster in den vermeintlich „bessergestellten" Kreisen. Die Entscheidungen der Politiker richten sich zunehmend gegen das Volk als solches und stellen aus sozialer Sicht Verfehlungen dar.

Fazit

Wer materiell unvermögend ist, gilt im Volksmund als asozial. Mutter Theresa dreht sich in diesem Moment in ihrem Grabe um. Armut entsteht im Geiste und nicht auf leeren Konten.

DER UN-SINN DES JAHRES

Am Ende eines jeden Jahres ist es mal wieder so weit. Die sprachkritische Aktion *„Unwort des Jahres"* steht mal wieder parat, um die Sinnhaftigkeit der aktuellen Schlagworte zu eruieren. Doch nennen wir sie besser *„Totschlag-Worte"*. Erklärung folgt anhand der folgenden Prozedur:

Ein Gremium von mittlerweile Selbstständigen, unter ihnen Sprachwissenschaftler und (hört, hört!) Journalisten, sammeln durch das Volk Vorschläge. Bis zum 31. 12. jeden Jahres werden die wohlwollenden Ratschläge entgegengenommen, damit die Jury ihren Favoriten bis Mitte Januar küren kann. Parallelen zum Wahlsystem werden hier offensichtlich. Das Volk wählt denjenigen, der dann für das Volk wählt.

Wie funktioniert doch gleich Demokratie?

Doch wie bei fast allem, was in der Öffentlichkeit kommuniziert wird, ist das Unwort des Jahres nur eine simple, systemrelevante Denkmaschinerie. Ein extrovertierter Think-Tank[16], wenn man so will und ein Musterbeispiel für die Denkrahmen, die dem deutschen Michel gesetzt werden. Nahezu alle Unwörter seit 1991 dienen der Stabilisierung des Systems bei gleich-

---

[16] Denkfabrik

zeitiger Destabilisierung der Kritiker. Wer das Unwort nach seiner Wahl weiterhin gebraucht, verstößt gegen die Leitkultur des Narratives[17] und wird infolgedessen gesellschaftlich abgewertet.

Die Wertung der Worte findet über Begründungen statt, die ohne Wordingattacken und Abwertungen nicht auskommen. Folglich wird alles, was im abgelaufenen Jahr dem Rot-Grünen Kulturmarxisten verbal in die Quere kommen könnte, diffamiert und konsequent eliminiert.

Die Unwörter des Jahres in chronologischer Reihenfolge:

(Als Quelle dient hier mal wieder Wikipedia, die der Systemrelevanz auch noch einmal ordentlich Nachdruck verleiht, indem sie kräftig mitwordet und framed.)

---

[17] Erzählung für eine Gruppe oder auch Kultur

Klimahysterie

Mit dem Wort *„Klimahysterie"* würden Klimaschutz-
bemühungen und die Klimaschutzbewegung diffamiert
und wichtige Debatten zum Klimaschutz diskreditiert.

Der Ausdruck wurde 2019 von vielen Bereichen, wie in
Politik, Wirtschaft und Medien verwendet. Von der
F.A.Z. über Unternehmer bis hin zu AfD-Politikern.

Ergo
Wer dieses Wort weiterhin nutzt, soll von nun an mit
der ungeliebten AfD in Verbindung gebracht werden.
„Klimawandel" als Unwort wäre definitiv zutreffender
gewesen, da es einfach nur als Platzhalter für die ge-
scheiterte *„globale Erderwärmung"* erfunden wurde.

Anti-Abschiebe-Industrie

Von Alexander Dobrindt im Mai 2018 verwendeter Begriff. Laut Jury unterstellt der Ausdruck denjenigen, die abgelehnte Asylbewerber rechtlich unterstützen und Abschiebungen auf dem Rechtsweg prüfen, die Absicht, auch kriminell gewordene Flüchtlinge zu schützen und damit in großem Maßstab Geld verdienen zu wollen. Der Ausdruck Industrie suggeriere außerdem, es würden dadurch überhaupt erst Asylbewerber *„produziert".*

Ergo
Kriminelle Ausländer abzuschieben, sieht das System nicht vor. Der geschnürte Migrationspakt soll die Umverteilung der kriminellen Energien ermöglichen.

Alternative Fakten

Bei dem Begriff *„alternative Fakten"* handle es sich um einen „verschleiernde(n) und irreführende(n) Ausdruck für den Versuch, Falschbehauptungen als legitimes Mittel der öffentlichen Auseinandersetzung salonfähig zu machen.

Ergo

Alternative Fakten werden täglich von 20:00 – 20:15 Uhr serviert. Auf ihnen beruht die Arbeit der Öffentlich-Rechtlichen.

Volksverräter

Als *„Volksverräter"* wurden von verschiedenen Gruppen insbesondere

**demokratisch (= vom Volk)
gewählte Politiker (= Volksvertreter)**

in Parlamentarier oder Amtspositionen beschimpft

Ergo

Das Abschaffen der Landesgrenzen ist kein Hochverrat?
Wer das öffentlich kommuniziert oder *„unwortet"*, gehört in der Öffentlichkeit diffamiert.

Gutmensch

Als *„Gutmenschen"* wurden insbesondere diejenigen beschimpft, die sich ehrenamtlich in der Flüchtlingshilfe engagieren oder die sich gegen Angriffe auf Flüchtlingsheime stellen. Mit dem Vorwurf *„Gutmensch"*, *„Gutbürger"* oder *„Gutmenschentum"* werden Toleranz und Hilfsbereitschaft pauschal als naiv, dumm und weltfremd, als Helfersyndrom oder moralischer Imperialismus diffamiert

Ergo

So, so. Gutmensch ist also eine Beschimpfung und keine ideologische Kategorisierung? Fast schon ein Klassiker und Auslaufmodel, dieser Gutmensch. Er wird doch zusehends durch den *„Bessermenschen"* ersetzt.

Lügenpresse

Die Tatsache, dass die sprachgeschichtliche Aufladung des Ausdrucks (Erster Weltkrieg, Nationalsozialismus) einem Großteil derjenigen, die ihn als *„besorgte Bürger"* skandieren[18] und auf Transparenten tragen, nicht bewusst sein dürfte, macht ihn zu einem besonders perfiden Mittel derjenigen, die ihn gezielt einsetzen - Verwendung des Begriffs insbesondere durch Pegida[19].

Ergo
Das Wort Lügenpresse wurde im zweiten Weltkrieg von den *Regimegegnern* eingeführt und sollte folglich von den Berufswordern als positiv aufgeladen gewertet werden. Da die Begrifflichkeit in ihrer Sinngebung aber tordiert[20] und zweckentfremdet wurde, ist die Substanz dieses Wortes verwässert und umgekehrt worden.

---

[18] betonen
[19] Patriotische Europäer gegen die Islamisierung des Abendlandes
[20] verdrehen

Sozialtourismus

Mit diesem Schlagwort wurde von einigen Politikern und Medien gezielt Stimmung gegen unerwünschte Zuwanderer, insbesondere aus Osteuropa, gemacht. Der Ausdruck reihe sich ein in ein Netz weiterer Unwörter, die diese Stimmung befördern [...] wie etwa

„Armutszuwanderung"
oder
„Freizügigkeitsmissbrauch."

Ergo
Sozialtourismus gehört ebenfalls zu den erklärten Zielen des Migrationspaktes und wird täglich praktiziert.

Opfer-Abo

Jörg Kachelmann äußerte anderthalb Jahre nach seinem Freispruch im *„Kachelmann-Prozess"* die Ansicht, dass Frauen in der Gesellschaft ein *„Opfer-Abo"* hätten. Die Wortschöpfung selbst stammt hingegen von seiner Frau. Die Jury kritisierte den Begriff dafür, dass er Frauen *„pauschal und in inakzeptabler Weise"* unter den Verdacht stelle, sexuelle Gewalt zu erfinden und damit selbst Täter zu sein.

Ergo
Wer sich mit den Genderverträgen auseinandersetzt, wird verstehen, warum dieses Unwort im Keime erstickt werden muss. Ladys first.

Döner-Morde

Der Ausdruck stehe prototypisch dafür, dass die politische Dimension der Mordserie jahrelang verkannt
oder willentlich ignoriert wurde. Durch die Reduktion auf ein Imbissgericht würden die Opfer der Morde in höchstem Maße diskriminiert und ganze Bevölkerungsschichten aufgrund ihrer Herkunft ausgegrenzt.

Ergo
Die Tatsache, dass *„Döner-Morde"* eine politisch unkorrekte Aussage zu sein scheint, beschäftigt die Juroren offensichtlich mehr als der Tod unschuldiger Menschen.

Alternativlos

Das Wort suggeriere sachlich unangemessen, dass es bei einem Entscheidungsprozess von vornherein keine Alternativen und damit auch keine Notwendigkeit der Diskussion und Argumentation gebe. Behauptungen dieser Art seien 2010 zu oft aufgestellt worden. Sie drohten, die Politikverdrossenheit in der Bevölkerung zu verstärken. Der Begriff wurde ab 2009 insbesondere von Angela Merkel und der damaligen Bundesregierung benutzt.

Ergo

Mit diesem Unwort gehe ich persönlich dakor. Alternativlosigkeit in einer angeblichen Demokratie ist nicht zu dulden.

Hat sich die Jury hier etwa einen Ausrutscher erlaubt?

Der Verfassungsschutz selbst agierte übrigens per V-Mann in dieser Angelegenheit.

Hatte anscheinend keinen Effekt, diese Maßnahme oder sollte dem etwa nicht so sein?

Betriebsratsverseucht

Die Wahrnehmung von Arbeitnehmerinteressen störe zwar viele Unternehmen, Betriebsräte als Seuche zu bezeichnen, sei indes *„ein sprachlicher Tiefpunkt im Umgang mit Lohnabhängigen"*.
(Bekannt wurde der Begriff durch seine Verwendung in der ARD. Nach Angaben eines Mitarbeiters der Baumarktkette Bauhaus wird er von Abteilungsleitern gebraucht, wenn Mitarbeiter aus einer der drei Filialen mit einem Betriebsrat in eine ohne wechseln wollen.)

Ergo
Gähn. 2009 scheint ein sehr ereignisloses Jahr gewesen zu sein... Da war die Welt noch rund...

Notleidende Banken

Der Begriff stelle das Verhältnis von Ursachen und Folgen der Weltwirtschaftskrise auf den Kopf. Während die Volkswirtschaften in ärgste Bedrängnis geraten seien und die Steuerzahler Milliardenkredite mittragen müssten, würden die Banken, die durch deren Finanzpolitik die Krise verursacht haben, zu Opfern stilisiert.

Ergo
Dem gibt es nichts hinzuzufügen. Eine gute Wahl.

Herdprämie

Abwertende Bezeichnung für Geld, das Eltern erhalten sollen, die ihre Kinder zuhause selbst auf- und erziehen und nicht in einer Kindertagesstätte betreuen lassen wollen – als negativer Gegensatz zur Berufstätigkeit statt alleiniger Kindererziehung.

Ergo
Wieder diese Genderpolitik. Unser Nachwuchs gehört in Familien erzogen und nicht in frühkindliche Prägungsstätten abgeschoben. Eingriffe in frühkindliche Prägungsphasen ziehen psychische Probleme der Heranwachsenden nach sich.

Freiwillige Ausreise

Bezieht sich darauf, dass viele abgelehnte Asylbewerber vor einer drohenden Abschiebung *„freiwillig"* in ihre Heimat zurückkehren. Tatsächlich hätten sie aber keine andere Wahl.

Ergo

Wer einmal Platz an den Töpfen des Schlaraffenlands genommen hat, wird definitiv niemals freiwillig ausreisen. Das sollte einem schon der gesunde Menschenverstand suggerieren.

Entlassungsproduktivität

Gewinne aus Produktionsleistungen eines Unternehmens, nachdem zuvor zahlreiche für

„überflüssig"

befundene Mitarbeiter entlassen wurden.

Ergo
In Unternehmen stinkt in den meisten Fällen der Fisch vom Kopfe her. Verfehlungen werden einfach nach unten durchgereicht.

Humankapital

Der Begriff „degradiert nicht nur Arbeitskräfte in Betrieben, sondern Menschen überhaupt zu nur noch ökonomisch interessanten Größen".

Ergo
Aber so funktioniert dieses System nun einmal. Ein Eigentor, meine Damen und Herren, oder doch ein Hauch von Rebellion?

Tätervolk

Grundsätzlich inakzeptabler Kollektivschuldvorwurf - als möglicher Vorwurf gegen Juden von Martin Hohmann gebraucht.

Ergo

„Grundsätzlich" und *„möglich"* stetig gegen Deutsche eingesetzt. Ein Deutscher, der dem Schuldkult nicht erlegen ist, ist systemrelevant ein Störer.

Ich-AG

Reduzierung von Individuen auf sprachliches Börsenniveau.

Ergo

Lediglich ein weiterer gescheiterter Versuch dieses Geldsystem künstlich am Leben zu erhalten, aber im Prinzip nicht der Rede wert und eine Eintagsfliege.

Gotteskrieger

Selbst- und Fremdbezeichnung der Taliban und al-Qaida-Terroristen.

Ergo

Der neue „*Feind*" wurde am 11. September 2001 definiert. Vollkommen logisch, dass das Unwort des Jahres mit diesem Großereignis in Verbindung stehen muss. Zudem wird der Numinos[21] verunglimpft, was zusätzlich Benzin ins heilige Feuer goss...

---

[21] Das Wunder des Seins

National befreite Zone

Zynisch heroisierende Umschreibung einer Region, die von Rechtsextremisten terrorisiert wird, damit sie *„ausländerfrei"* wird.

Ergo

Die *„guten alten Rechtsextremen"* sind doch immer für ein Unwort gut und sorgen für politischen Sprengstoff. Von sauren Gurken und befreiten Zonen…

Kollateralschaden

Verharmlosung der Tötung Unschuldiger als Neben-
sächlichkeit. NATO offizieller Terminus im Kosovokrieg.

Ergo

Im Framingmanual der Öffentlich-Rechtlichen vermutlich der Lieblingsbegriff. Keine Tagesschau ohne Kollateralschäden. Damals noch Unwort, heute auf Grund
seines Übergebrauchs zumeist überhört.

Sozialverträgliches Frühableben

In einer öffentlichen Erklärung zynisch wirkende Ironi-
sierung.[22]

Ergo
Nur ein Lückenfüller.

---

[22] Karsten Vilmar

Wohlstandsmüll

Umschreibung

arbeitsunwilliger oder arbeitsunfähiger

Menschen.[23]

Ergo
Wohlstandsmüll setzen die meisten wohl eher mit physisch vorhandenem Unrat in Verbindung. In diesem Kontext definitiv eine emotionale Verbalbombe.

---

[23] Helmut Maucher, Nestlé

Rentnerschwemme

Falsches, angstauslösendes Naturbild für einen sozial-politischen Sachverhalt.

Ergo

Wirklich eine nicht hinzunehmende Aussage. Die Vorgängergenerationen sind für den Frieden und Wohlstand in diesem Lande verantwortlich und von den Nachfolgegenerationen zu achten und zu schützen.

Diätenanpassung

Beschönigung der Diätenerhöhung im Bundestag

Ergo

Mit dem Grundgesetz vereinbar?

Mit dem Gewissen jedenfalls nicht! *„Anpassung"* jedenfalls klingt besser als *„Veruntreuung".*

Peanuts

abschätziger Bankerjargon.[24]

Ergo

Als Unwort eher unspektakulär. Eingängiges Wort aus dem Monopolyjargon. Wer lang hat, lässt lang hängen.

---

[24] Hilmar Kopper

Überfremdung

Scheinargument gegen Zuzug von Ausländern.

Ergo

1993 noch ein vermeintliches Scheinargument, ist es mittlerweile auf dem Papier beschlossen und beinahe komplett umgesetzt worden.

Ethnische Säuberung

Propagandaformel im Jugoslawienkrieg.

Ergo

Das Hobby der Eliten. Gab bestimmt einen Rüffel für die Redakteure. Es wurde ja offiziell nicht *„gesäubert"*, sondern *„kollateral geschädigt"*, nach dem heutigen Stand der Dinge.

Ausländerfrei

Fremdenfeindliche Parole in Hoyerswerda, siehe Ausschreitungen in Hoyerswerda.

Ergo

Frei von länger hier Lebenden wird zeitnah die Realität sein.

Im Großen und Ganzen ist die Wahl zum Unwort des Jahres eine Farce. Bis auf ein paar eingerückte *„Ausrutscher"* schlagen nahezu alle Unworte in die gleiche Kerbe:

Die gelegentlich eingestreuten *„Bonbons"* hingegen wirken sehr blass und arrangiert, sind folglich nur Lückenfüller für die saure-Gurken-Zeit und nicht wirklich ernst zu nehmen.

So lasst uns das Unwort des Jahres zum Unnütz des Jahres küren und entmachten, indem wir ihm keine Bühne über Diskussionen mehr bieten. Ohne mediale Aufmerksamkeit wird dieses Unternehmen massiv an Attraktivität einbüßen und zeitnah an Präsenz verlieren. Es wäre ein weiterer Schritt in die richtige Richtung.

Pseudologia Phantastica – Von Münchhausen und Pinocchio

Der Pressecodex:

Wahrhaftigkeit und Achtung der Menschenwürde

„Die Achtung vor der Wahrheit, die Wahrung der Menschenwürde und die wahrhaftige Unterrichtung der Öffentlichkeit sind oberste Gebote der Presse." (Pressekodex)

Mit dieser Maßgabe beginnt der Pressekodex. In Ziffer Eins ist außerdem festgelegt, dass Informanten nicht durch Exklusivverträge gebunden werden sollen. Zudem muss die Wahlkampfberichterstattung umfassend sein und Pressemitteilungen müssen als solche gekennzeichnet werden.

Sorgfalt

Der journalistischen Sorgfaltspflicht soll vor allem durch eine umfassende Recherche nachgekommen werden. In dieser Ziffer finden sich zudem Vorgaben zum Umgang mit Interviews oder Leserbriefen.

Richtigstellung

Erweist sich eine Berichterstattung als falsch, so ist eine Richtigstellung an vergleichbarer Stelle und in vergleichbarem Umfang zu veröffentlichen.

Grenzen der Recherche

Bei der Recherche selbst dürfen gemäß Pressekodex keine unlauteren Methoden angewendet werden. Das schließt auch ein, dass sich ein Journalist in aller Regel als solcher zu erkennen geben muss.

Berufsgeheimnis

Wird die Vertraulichkeit in einem Gespräch vereinbart, ist diese zu wahren. Dies gilt insbesondere für sogenannte Hintergrundgespräche. Zudem sollen Journalisten von ihrem Zeugnisverweigerungsrecht gebrauch machen, sofern dies dem Schutz des Informanten dient.

Trennung von Tätigkeiten

Journalisten und Verleger dürfen keine Nebentätigkeiten ausüben, welche die Glaubwürdigkeit der Presse in Frage stellen könnten.

Trennung von Werbung und Redaktion

Werbung muss stets als solche gekennzeichnet werden. Journalistische Arbeit und PR-Erzeugnisse sind somit klar voneinander abzugrenzen.

Persönlichkeitsrechte

Das Privatleben eines jeden Menschen ist stets zu achten. Dabei geht es in dieser Ziffer vom Pressekodex vor allem um den Opferschutz und die Kriminalberichterstattung. Grundsätzlich besteht ein berechtigtes Interesse der Öffentlichkeit an Informationen über Straftaten, Ermittlungs- und Gerichtsverfahren.

Schutz der Ehre

Durch eine unangemessene Darstellung darf kein Mensch in seiner Ehre verletzt werden.

Religion und Weltanschauung

Diese dürfen nicht geschmäht werden.

Sensationsberichterstattung und Jugendschutz

Auf eine unangemessene Berichterstattung bei Gewalttaten oder Katastrophen ist zu verzichten. Wichtig ist auch, dass der Gebrauch von Drogen nicht verharmlost werden darf.

Diskriminierungen

Dieser Ziffer wurde kürzlich überarbeitet. Eine Erklärung finden Sie im weiteren Textverlauf.

Unschuldsvermutung

Die Berichterstattung zu Straftaten darf nicht durch Vorurteile getrübt werden und hat stets sachlich zu erfolgen. Es gilt bis zu einer rechtskräftigen Verurteilung die Unschuldsvermutung.

Medizin-Berichterstattung

Medizinische Themen müssen sachlich aufbereitet werden, sodass keine Ängste oder Hoffnungen geschürt werden.

Vergünstigungen

Bestechungen, wie beispielsweise Geschenke, sind stets abzulehnen, sofern sie geeignet sein könnten, die Entscheidungsfreiheit von Verlag und Redaktion zu beeinträchtigen.

Dem Grundsatz der fairen Berichterstattung folgend, soll gemäß Pressekodex eine Rüge, welche der Presserat ausspricht, veröffentlicht werden.
Die neue Richtlinie 12.1 des Pressekodex im Wortlaut:

„In der Berichterstattung über Straftaten ist darauf zu achten, dass die Erwähnung der Zugehörigkeit der Verdächtigen oder Täter zu ethnischen, religiösen oder anderen Minderheiten nicht zu einer diskriminierenden Verallgemeinerung individuellen Fehlverhaltens führt. Die Zugehörigkeit soll in der Regel nicht erwähnt werden, es sei denn, es besteht ein begründetes öffentliches Interesse. Besonders ist zu beachten, dass die Erwähnung Vorurteile gegenüber Minderheiten schüren könnte."[25]

Die oben zitierte Änderung hat es in sich! Um es mit vereinfachten Worten zu umschreiben:

---

[25] Quelle: Anwalt.ORG

Wenn ein Mensch mit Migrationshintergrund straffällig wird, entschärft man diesen medialen Sprengstoff durch Verschweigen seiner Herkunft und schönt damit die Statistiken.

Wenn ein deutscher Bürger sich strafbar macht, kann es problemlos kommuniziert werden, *weil es ja schließlich auch kriminelle Deutsche gibt.*

Die einen sind gleich,

die anderen sind gleicher.

Aber zurück zum eigentlichen Kodex. Der Kodex ist halt „nur" ein Kodex und leider kein Eid. Folglich können die Schreiberlinge auch nicht rechtlich belangt werden. Der berühmte Sack Reis in China fällt soeben um. Forderung an dieser Stelle:

Der Kodex MUSS zwingend in einen Eid umgewandelt werden. Seine Verbindlichkeit ermöglicht die Bestrafung bei Nichteinhaltung und würde die GEZ subventionierten Konzerne zur Wahrheit verdammen. Die anderen ebenfalls. Hier muss natürlich der Maßstab an die Schwere der Lüge angelegt werden. Resultieren

„Kollateralschäden" (tote Menschen, im Pressejargon) oder Kriege (humanitäre Interventionen) durch Fehlmeldungen, muss zwangsläufig mit dem Höchstmaß gerichtet werden. Doch hierzu sollte zuallererst die Gesetzgebung verschärft werden.

Mit dem üblichen „Du, Du, Du", siehe die Sylvester Vorfälle und die Chemnitzfalschberichte, bekommt die Wahrheit keinen Nachdruck. Vereidigt sähe dieses Spiel schon anders aus:

 Wer durch fehlerhafte Berichterstattungen seine Freiheit riskiert, hadert mit der Lüge.

Der Tatbestand des Verschweigens erfüllt im Übrigen ebenfalls den einer Straftat und gehört somit verurteilt. Nicht nur moralisch, mit dem vielzitierten Zeigefinger, sondern auch rechtlich. Ferner gehören die Namen der Fehlinformierer in der Öffentlichkeit durch die ehrlichen Vertreter ihrer Zunft kommuniziert, um die Gefahr eines Rückfalls zu minimieren. Das inkludiert natürlich Berufsverbot. *„Social-Fantasie"* wäre somit Geschichte und die Gazetten vermutlich nur noch halb so umfassend.

Den aktuellen Zustand der Medien und Presse fasste John Swinton bereits im *18. Jahrhundert* in Worte. Wer er war, dürfte jedem geläufig sein. Er war der Chefredakteur der NY Times. Mit seinen Worten schließt dieses Kapitel

„So etwas gibt es bis zum heutigen Tage nicht in der Weltgeschichte, auch nicht in Amerika: eine unabhängige Presse. Sie wissen das, und ich weiß das. Es gibt hier nicht einen unter Ihnen, der es wagt, seine ehrliche Meinung zu schreiben. Und wenn er es täte, wüsste er vorher bereits, dass sie niemals im Druck erschiene. Ich werde wöchentlich dafür bezahlt, dass ich meine ehrliche Meinung aus dem Blatt, mit dem ich verbunden bin, heraushalte. Andere von Ihnen erhalten ähnliche Bezahlung für ähnliche Dinge, und wenn Sie so verrückt wären, Ihre ehrliche Meinung zu schreiben, würden Sie umgehend auf der Straße landen, um sich einen neuen Job zu suchen. Wenn ich mir erlaubte, meine ehrliche Meinung in einer der Papierausgaben erscheinen zu lassen, dann würde ich binnen 24 Stunden meine Beschäftigung verlieren.

Das Geschäft der Journalisten ist, die Wahrheit zu zerstören, schlankweg zu lügen, die Wahrheit zu pervertieren, sie zu morden, zu Füßen des Mammons zu legen und sein Land und die menschliche Rasse zu verkaufen zum Zweck des täglichen Broterwerbs. Sie

wissen das, und ich weiß das, also was soll das verrückte Lobreden auf eine freie Presse? Wir sind Werkzeuge und Vasallen von reichen Männern hinter der Szene. Wir sind Marionetten. Sie ziehen die Strippen, und wir tanzen an den Strippen. Unsere Talente, unsere Möglichkeiten und unsere Leben stehen allesamt im Eigentum anderer Männer. Wir sind intellektuelle Prostituierte." [26]

---

[26] John Swinton

Schweden schafft sich ab: Willkommen im Gaga-Land

Dieses wundervolle Fleckchen Erde scheint es hinter sich zu haben. Eine Schande, wie sich dieses wunderschöne Land selbst abschafft. Ich sehe Schweden als den Vorboten der deutschen Apokalypse. Was im hohen Norden von den Eliten als Testläufe praktiziert wird, ereilt kurze Zeit später das angeschlagene, schwindende Deutschland.

Abschaffung der Grenzen und Flutung des Landes durch Migranten.

Check.

Abschaffung des Rechtsstaates bei steigender Kriminalität durch Migranten.

Check.

Zerstörung der Familien durch Abschaffung der Geschlechter.

__Check.__

Spaltung der Gesellschaft in Jung und Alt durch die Einführung einer Klimareligion.

__Check.__

Vollkommene Konsumkontrolle durch die Abschaf-fung des Bargeldes.

__Check.__

Absolute Überwachung durch RFID-Implantate.

__Check.__

Systematische Verdummung und Militarisierung der Jugend durch freitägliches Schule schwänzen.

__Check.__

Die spinnen, die Schweden! Doch wer denkt, dass die oben genannten Verfehlungen des Wahnsinns fette Beute reflektieren, den wird es innerhalb der nächsten Minuten regelrecht vom Hocker hauen:

Der schwedische Verhaltensforscher Magnus Söderlund hat nach eigenen Aussagen die Blaupause für die Weltenrettung in der Schublade. Hört, hört!

Durch die Abschaffung der herkömmlichen Landwirtschaft möchte er diese vom CO_2-Kraken umschlungene Welt befreien.

Welch edler Gedanke.

Und für den dadurch entstehenden ernährungstechnischen Versorgungsengpass hat Söderlund natürlich auch schon eine Endlösung parat. Wir stellen einfach unsere Ernährung auf Kannibalismus um und alles wird gut! Alter Schwede! Mal im Ernst!

Erst schickt ihr uns die zopftragende Propagandamaschine runter und jetzt soll Anthropophagie[27] diesen Erdenball vor dem Untergang retten?
Wirklich zum Anbeißen, dieser Schweden Hannibal.

Wer denkt, dass nur in der BRD alles aus dem Ruder läuft, dem dürfte jetzt ein Schauer über den Rücken

---

[27] Kannibalismus

laufen. Ein guter Freund erklärte mir die Geschehnisse unserer heutigen Welt mit seinen klaren sowie zielführenden Worten:

„Scheiße fällt immer nach unten.“

Nach einem Blick auf die Weltkarte musste ich letztens doch ein wenig schmunzeln. Er scheint Recht zu behalten...

Doch bei allem Sarkasmus.

Auf welcher Rechtslage beruht die Forderung zur Einführung des Kannibalismus?
Wird gezielt gemordet, um dauerhaften Nahrungsnachschub zu gewährleisten oder sind die Kadaver der natürlich von uns gegangenen in der Summe ausreichend.

> ➢ Sind durch Krebs oder AIDS Dahingeschiedene gesundheitsgefährdend?
> ➢ Macht Hirn im Umkehrschluss auch schlauer?
> ➢ Ist *„Schwarzfleisch“* essen Kanirassismus?
> ➢ Muss „diverses Fleisch“ auf der Packung gekennzeichnet sein?
> ➢ Schmecken Übergewichtige nach Pizza und Pommes und die Magersüchtigen nach Rosenkohl?

> Wird der Restbestand der Deutschen von *„die schon länger hier lebenden"* in *„die in Kürze verdauten"* umbenannt?

Wenn diese Forderung durchgeht, wird sich einiges ändern, meine Damen und Herren.

„Die Kuru-Krankheit wird durch Kannibalismus übertragen, weil diese der menschlichen Variante des Rinderwahnsinns gleicht," warnen Forscher vor einer Epidemie.

Meine Forderung: The Walking Dead wird mit sofortiger Wirkung in dem *Genre „zukunftsorientierter Dokumentarfilm"* gelistet.

An dieser Stelle STOP!!!!!

Ich schreibe in diesem Moment nicht wirklich an einem Buchkapitel, dass Argumente gegen die Einführung des Kannibalismus zur Rettung der Welt sammelt!

Ich brauche jetzt ein Entlastungsgespräch mit meinem Therapeuten Dr. Lecter.

Ich habe fertig. Schweden hat fertig. Du bist was Du isst. Soylent Green ist Menschenfleisch.

DIE FALSCHEN GÖTTER

Die Jugend hat ihren Glauben verloren.

- Den Glauben an die Familie,
- den Glauben an des Recht und
- vor allem den Glauben an die Wahrheit.

Zu oft sind sie nun schon belogen worden, diese sensiblen jungen Gemüter.

Doch was tun, wenn die alten Götter einen verlassen?

Die religiösen Glaubensrichtungen jeglicher Colour stellten sich als heuchelnde, geldscheffelnde und mordende Großkonzerne heraus und bieten außer Lügen keine weiteren Alternativen. Doch der Glaube ist in den Menschen verankert und lechzt nach Futter. Die entwurzelten, sozial isolierten Seelen lechzen nahezu nach Gemeinsamkeit, doch die eigenen vier Wände und Komfortzonen zu verlassen ist, wie immer, keine Option. Der Umzug in die virtuellen Welten ist die logische Konsequenz. Hier wird der einsamen Seele alles geboten. Lifestyle, Spiel, Spaß, Liebe und sogar Sex. Doch vor allem vorgefertigte Denkschablonen. Und hier wollen wir ansetzen.

GOOGLE

Google ist der neue Gott, die Suchleiste, das Universum und das erste Suchergebnis der ultimative Glaube.

Doch ist das Suchergebnis wirklich das Maß aller Dinge und das nicht Gefundene eine Lüge?

Wer liest noch zwischen den Zeilen?

Wer prüft die Quellen?

WIKIPEDIA

Die Wikipedia zum Beispiel wird von mehreren politisch unterwanderten Gruppen betrieben und sogar gesteuert. Wikipedia selbst gibt Filter offen zu:

> **„Nicht alle Filterregeln sind öffentlich zugänglich. Zum Schutz der Wikipedia vor Vandalismus und der Umgehung der Filterregeln sind viele Filtervariablen nur für Administratoren sichtbar.“**

Wikimedia-Pressestelle

Da wird es für die Wahrheit der *„freien"* Enzyklopädie natürlich eng. Die einen sind gleich, die anderen gleicher.

Facebook, einer der größten Datensammelbecken im weltweiten Netz, zensiert ungeliebte Meinungen, ohne den Wahrheitsgehalt nur im Geringsten zu prüfen. Mit Einführung des NetzDG wurde die Kontrolle über die Inhalte sogar staatlich subventioniert.

„§ 1 Anwendungsbereich

(1) Dieses Gesetz gilt für Telemediendiensteanbieter, die mit Gewinnerzielungsabsicht Plattformen im Internet betreiben, die dazu bestimmt sind, dass Nutzer beliebige Inhalte mit anderen Nutzern teilen oder der Öffentlichkeit zugänglich machen (soziale Netzwerke). Plattformen mit journalistisch-redaktionell gestalteten Angeboten, die vom Diensteanbieter selbst verantwortet werden, gelten nicht als soziale Netzwerke im Sinne dieses Gesetzes. Das Gleiche gilt für Plattformen, die zur Individualkommunikation oder zur Verbreitung spezifischer Inhalte bestimmt sind.

(2) Der Anbieter eines sozialen Netzwerks ist von den Pflichten nach den §§ 2 und 3 befreit, wenn das soziale Netzwerk im Inland weniger als zwei Millionen registrierte Nutzer hat.

(3) Rechtswidrige Inhalte sind Inhalte im Sinne des Absatzes 1, die den Tatbestand der §§ 86, 86a, 89a, 91, 100a, 111, 126, 129 bis 129b, 130, 131, 140, 166, 184b in Verbindung mit 184d, 185 bis 187, 201a, 241

oder 269 des Strafgesetzbuchs erfüllen und nicht gerechtfertigt sind."[28]

„§ 2 Berichtspflicht

(1) Anbieter sozialer Netzwerke, die im Kalenderjahr mehr als 100 Beschwerden über rechtswidrige Inhalte erhalten, sind verpflichtet, einen deutschsprachigen Bericht über den Umgang mit Beschwerden über rechtswidrige Inhalte auf ihren Plattformen mit den Angaben nach Absatz 2 halbjährlich zu erstellen und im Bundesanzeiger sowie auf der eigenen Homepage spätestens einen Monat nach Ende eines Halbjahres zu veröffentlichen. Der auf der eigenen Homepage veröffentlichte Bericht muss leicht erkennbar, unmittelbar erreichbar und ständig verfügbar sein.

(2) Der Bericht hat mindestens auf folgende Aspekte einzugehen:

1. Allgemeine Ausführungen, welche Anstrengungen der Anbieter des sozialen Netzwerks unternimmt, um strafbare Handlungen auf den Plattformen zu unterbinden,

2. Darstellung der Mechanismen zur Übermittlung von Beschwerden über rechtswidrige Inhal-

---

[28] Quelle: Die Internetseite des Bundesministeriums der Justiz für Verbraucherschutz

te und der Entscheidungskriterien für Löschung und Sperrung von rechtswidrigen Inhalten,

3. Anzahl der im Berichtszeitraum eingegangenen Beschwerden über rechtswidrige Inhalte, aufgeschlüsselt nach Beschwerden von Beschwerdestellen und Beschwerden von Nutzern und nach dem Beschwerdegrund,

4. Organisation, personelle Ausstattung, fachliche und sprachliche Kompetenz der für die Bearbeitung von Beschwerden zuständigen Arbeitseinheiten und Schulung und Betreuung der für die Bearbeitung von Beschwerden zuständigen Personen,

5. Mitgliedschaft in Branchenverbänden mit Hinweis darauf, ob in diesen Branchenverbänden eine Beschwerdestelle existiert,

6. Anzahl der Beschwerden, bei denen eine externe Stelle konsultiert wurde, um die Entscheidung vorzubereiten,

7. Anzahl der Beschwerden, die im Berichtszeitraum zur Löschung oder Sperrung des beanstandeten Inhalts führten, aufgeschlüsselt nach Beschwerden von Beschwerdestellen und von Nutzern, nach dem Beschwerdegrund, ob ein Fall des § 3 Absatz 2 Nummer 3 Buchstabe a vorlag, ob in diesem Fall eine Weiterleitung an den Nutzer er-

folgte sowie ob eine Übertragung an eine anerkannte Einrichtung der Regulierten Selbstregulierung nach § 3 Absatz 2 Nummer 3 Buchstabe b erfolgte,

8. Zeit zwischen Beschwerdeeingang beim sozialen Netzwerk und Löschung oder Sperrung des rechtswidrigen Inhalts, aufgeschlüsselt nach Beschwerden von Beschwerdestellen und von Nutzern, nach dem Beschwerdegrund sowie nach den Zeiträumen „innerhalb von 24 Stunden"/„innerhalb von 48 Stunden"/„innerhalb einer Woche"/„zu einem späteren Zeitpunkt",

9. Maßnahmen zur Unterrichtung des Beschwerdeführers sowie des Nutzers, für den der beanstandete Inhalt gespeichert wurde, über die Entscheidung über die Beschwerde."[29]

Ich denke, die ersten zwei von sechs Paragrafen im Amtschinesisch reichen aus, um den Kern des Ganzen zu erfassen. Gesperrt werden kann im Groben eigentlich alles und jeder, der einen Inhalt verfasst, dessen Aussage unerwünscht ist. Der gute, alte Gummiparagraph wird mal wieder gebogen bis zur absoluten Unkenntlichkeit.

---

[29] Quelle siehe oben

Auch auf dem beliebten Videoportal YouTube geht es heiß her. Algorithmen überprüfen nahezu selbstständig die Inhalte und beschneiden somit die Meinungsfreiheit. Kanäle werden gesperrt, gegebenenfalls gelöscht, Inhalte, die wiederrum gefunden werden sollen, in der Suchleiste ganz oben aufgeführt.

So geht Demokratie!

Die Flut an Informationen im weltweiten Netz sind tsunamiartig.

Doch bedarf es bei nachweisbaren und fundierten Tatsachen wirklich einer Zensur?
Im Sinne der Demokratie sollte doch jedem eine eigene Meinung und die dazugehörigen Quellen zugestanden werden. Ob Zensur und Regulierungen die Grundkomponenten der demokratischen Grundausrichtung sind, kann getrost angezweifelt werden.

Hier entsteht ein hohes Potential für einen Generationenkonflikt. Die aktuelle elterliche Generation, nennen wir sie mal die Mitvierziger, hatte von Grund auf zumindest graduellen Zugriff auf eine eigene gefestigte Meinung. Zwar wurden die Grundsteine für die Gesinnungsdiktatur schon vor Jahrzehnten gelegt, doch greifen die Mechanismen erst in jüngster Zeit ineinander. Die aktuelle Jugend, fälschlich als Generation *„why"* bezeichnet, hinterfragt nur die Meinungen der *„Opposition"*, die des Narrativ hingegen gilt als unantastbar. Wer nachbohrt oder hinterfragt wird gesellschaftlich isoliert oder öffentlich an den Pranger gestellt. Doch hier sind so gut wie alle Mittel recht und die Zensur wird gezielt ausgesetzt, die Hetze staatlich subventioniert. Logisch, dass eine ganze Generation von Grund auf zur Systemkonformität und Gefolgschaft erzogen wurde. Viele junge Menschen erliegen somit dem Konformitätsdruck und begeben sich in eine Duldungsstarre.

Die Tatsache, dass Jugendliche statistisch 3,5 Stunden täglich im Internet verbringen, sollte also nicht auf die leichte Schulter genommen werden. Und hier entstehen automatisch Lösungsansätze. 3,5 Stunden täglich in der virtuellen Matrix sind nicht vertretbar, 3,5 Stunden perfiden Gesinnungsterror hochgradig schädigend. Junge, leicht beinflussbare Gemüter gehören vor Zensur durch Meinungsmacher geschützt.

Doch wer zensiert oder reguliert die Zensoren?

„Man darf die Mehrheit nicht mit der Wahrheit verwechseln."[30]

---

[30] Jean Cocteau

SEELIG SIND DIE IM GEISTE ARMEN

Seit der bedingungslosen Öffnung der Grenzen fluten Migranten aus aller Herren Länder das ehemalige Deutschland. Viele junge Männer kommen allein, doch einige wenige führen ihre Familien mit ein oder lassen sie auf Staatskosten nachimportieren.

Moment mal. Offene Grenzen?
Der Begriff an sich ist ein Paradoxon. Eine offene Grenze ist nicht existent und somit keine Grenze mehr. Wir reden hier von einer Beseitigung der Grenzen. Dieses erfüllt den Tatbestand des Hochverrats. Diese Tatsache bitte als Randnotiz mal einfach so mitnehmen.

Bleiben wir bei unseren *erst seit kurzen hier Lebenden*. Eine Familie marschiert über die nicht vorhandene deutsche Grenze und hat natürlich nichts vorzuweisen. Weder Kapital noch soziales Verhalten, von Bildung ganz zu schweigen. Hinter der gedachten Grenze wird im Schnellverfahren mal eben das Nötigste geklärt:

- Eine Wohnung,
- die finanzielle Absicherung und
- ein Schulplatz für den Nachwuchs

sollen das rundum Sorglos-Paket schnüren. Gesagt getan. Wenn es um Fremde geht, mahlen die Mühlen auch gerne mal schneller. **Ein Deutscher**, der eine Forderung an ein deutsches Amt stellt, wird hingegen als

potenzieller Störer gehandelt und als unangenehm in Schublade A unter der Anlage C geknickt, gelocht und abgeheftet.

Nach Regelung der Formalitäten heißt es nun für den Nachwuchs:

Schulbank drücken

Und was sich nun für ein Drama abspielt, wird jeder Mensch mit schulpflichtigen Kindern bestätigen können. Das Bildungssystem zerfällt mit jedem Migrantenkind ein wenig mehr.

Die Gründe dafür:

Laut Statistik sind über 80 Prozent der erwachsenen Einwanderer Legastheniker. Ein besorgniserregender Schnitt.

Wer seiner eigenen Landessprache nicht mächtig ist, soll mal eben aus dem Stehgreif die Sprache der Dichter und Denker erlernen?
Ein schier undurchführbares Unterfangen. Die Allgemeinbildung der Einwanderer lässt ebenfalls zu wünschen übrig.

Ich kenne persönlich einheimische Legastheniker, die trotz ihrer Lese- und Schreibschwäche:

- ❖ einen Beruf erlernt,
- ❖ einen Führerschein erworben und
- ❖ sogar eine Meisterschule erfolgreich absolviert haben.

Ihr mangelndes Gespür für den Umgang mit Worten im Allgemeinen machten sie durch Erlangen einer opulenten Allgemeinbildung wieder wett. Dieser Zustand wird von den *„Neudeutschen"* jedoch nicht zu erwarten sein, da das rundum Sorglos-Paket keine Erhöhung des Bildungsstandes erforderlich macht. Milch und Honig fließen hier auch ohne Wissen.

Wie der Herr so das Gescherr

-> soll heißen:

Der Nachwuchs der Migranten bleibt vom Befall der Bildung ebenfalls unberührt. Doch da die Gutmensch-politik eine Unterscheidung zwischen Bildungsständen kategorisch ablehnt, werden die Flüchtlingskinder in das kalte Wasser geworfen und lediglich nach dem geschätzten Alter den Klassen zugewiesen.

Warum geschätztes Alter?

In den meisten Fällen sind auf den langen Reisen ins Paradies die Identifikationsnachweise verloren gegangen. Macht auch vollkommen Sinn. Den deutschen Behörden ist es allemal egal, wer demnächst die Geburtenraten wieder anhebt und Waren konsumiert. Und wer länger Kind ist, wird nicht nur finanziell länger subventioniert, sondern auch im Falle einer Straftat länger nach dem Kindesstrafrecht behandelt. Das erklärt in jedem Falle die offensichtliche „Reife" der zugewanderten Jünglinge, verglichen mit den einheimischen Kindern. In meiner Jugend jedenfalls war diese Finte auch schon gang und gebe.

Mehrere türkische Kinder aus meiner Fußballmannschaft gaben offen zu, dass sie zum Teil 3 (!) Jahre älter waren als ich. Das Kindergeld war somit um 3 Bonusjahre gesichert worden. Einen geschenkten Gaul...

Doch nach den obigen Abschweifungen möchte ich an dieser Stelle gerne zum Kern dieses Kapitels kommen. Nämlich den desolaten Bildungsstand der einheimischen Kinder durch die Möchtegerngleichstellung der Migrantenkinder.

Ein Migrantenkind, welches seiner eigenen Sprache kaum mächtig ist, wird einer Gymnasiumklasse (!) zugewiesen. Schnell wird allen Beteiligten klar, dass ein nicht deutschsprachiger Mensch den Lehrstoff in einer deutschsprachigen Schule nicht einmal bedingt durchschaut. Doch auch hierfür haben die Herren vom Kultusministerium einen Plan:

INKLUSION

Hört sich hochtrabend an, bedeutet aber im Grunde nur, dass das allgemein vorhandene Schulniveau einfach herabgesetzt wird, um den Ungebildeten entgegenzukommen. Inklusion bedeutet also frei übersetzt:

Die systematische Verdummung des eigenen Nachwuchses durch Einführung bildungsfremder Migrantenkinder. Wäre es nicht ohnehin schon offensichtlich, dass die Eliten unseren Nachwuchs systematisch verdummen wollen, würde sich jetzt eventuell noch jemand wundern…

Im Folgenden wächst der Frust der Einwandererkinder:

Die Ausgrenzung durch die Sprachbarriere ist der logische Effekt.

Auch den Mangel an Bildung lassen die anderen Kinder die Migranten spüren, indem sie sie zum Ziel ihres Gespötts machen. Kinder sind oft hart und leider auch ungerecht.

Wie sollten sie auch erfahren, dass die zugereisten Kinder von den Machthabenden ebenso missbraucht werden, wie sie selbst. Es gibt kaum jemanden, der ihnen dieses Wissen nahelegt. Die Lehrer jedenfalls sind in den meisten Fällen schlicht und ergreifend zu unterbelichtet und überfordert dieses Problem zu lösen. Doch, wenn ein Lehrer diese Missstände dezidiert anspricht, setzt er seinen Job aufs Spiel. Schnell wird er als AFD-Wähler diskreditiert und in das berufliche Abseits gestellt.

Mit Ansteigen des Frustlevels steigt auch proportional die Bereitschaft zur Gewalt. Nicht selten vernetzen sich Migrantenkinder zu Gruppen, um ihre (noch) zahlenmäßige Unterlegenheit aufzufangen. Diese Fakten sind statistisch festgehalten und im Internet (noch) frei zugänglich. (Das Wörtchen *„noch"* macht mir im Übrigen immer mehr Angst und was in Klammern gesetzt wird ebenfalls. Anm. d. Autors). Doch verübeln kann man es den Zugereisten mit Sicherheit nicht. Ein verschwindend geringer Prozentsatz von ihnen kommt ja tatsächlich aus Kriegsgebieten. Die Restlichen aus Gebieten, in denen Gewalt gegen Kinder und Frauen zum Tagesgeschäft gehören und die Verrohung den Alltag darstellt.

Den Effekt aus dieser Fehlleistung der Bildungsministerien sehen wir täglich in Fakten und Zahlen. Ein exponentielles Wachstum der Gewalt und sogenannte

NO-GO-Areas

sind die Folgen.

Im Grunde alles Hausgemacht.

Bildung ist die mächtigste Waffe um die Welt zu verändern.

—

Nelson Mandela

Die Zukunft unseres Landes zu sichern, indem man die Extremkonsumenten Nummer eins, nämlich unsere Kinder, durch allfreitägliches Schule schwänzen an Lernprozessen hindert, ist kontraproduktiv und wenig zielführend.

Sollten wir ihnen nicht viel besser die Wahrheit mit auf den Weg geben, dass ihre eigene Komfortzone das Problem ist?

Ihr Handy, ihr Verpackungsmüll produziert durch die Fastfood Industrie, ihr eigenes *„fahr mich zur Schule, es regnet"*. Sie wissen nicht, wofür sie auf die Straße gehen.

Könnte man nicht die Freitage dazu nutzen, ihnen zu erklären, dass die Menschen, die ihnen weiß machen wollen, dass das Fliegen diese Welt zerstört, selber statistisch gesehen die Vielflieger darstellen?

„Stimmt, nach Argentinien rudere ich nicht, sondern, wenn ich meine Familie besuche, fliege ich dahin. Das lässt sich nicht vermeiden."[31]

---

[31] Cem Özdemir, Vorsitzender des Verkehrsausschusses im Bundestag

Anton Hofreiter war eigens nach Grönland geflogen, um dort wegen der Erderwärmung schmelzende Eisberge zu bestaunen. Welch Schizophrenie!

Parteichef Robert Habeck flog nach Indien, um dort für die Klimawende die Werbetrommel zu rühren. Bei einer Umfrage des ScienceSkeptikalBlog wurden die Wählergruppen der Einheitsparteien nach ihrem Flugverhalten befragt. Demnach flogen:

- 36 % der CDU/CSU,
- 32 % der SPD,
- 42 % der Linken und
- beachtenswerte 49 % der Grünen Wähler

in den letzten 12 Monaten mit dem Flugzeug. Ein Eigentor per Fallrückzieher mit der Hacke inklusive Beinschuss. Als Quelle diente hier der Spiegel Online! Das sollten unsere Kinder wissen!

Das Bildungssystem, wenn man es überhaupt so nennen kann, gehört von Grund auf revolutioniert. Die Schüler gehören wieder nach Leistung sortiert und die Begabten mehr gefördert statt unterstimuliert. Es ist zwingend erforderlich wieder Werte zu vermitteln und Tugenden zu fördern.

Was bringt es, die Leistungen nach unten hin anzupassen?

Richtig! Nichts! Der allgemeine Bildungsstand würde weiterhin in unteren Regionen oszillieren und die Gesellschaft qualitativ nachhaltig drücken.

Bei Feststellung eines herausragenden Talents eines Heranwachsenden MUSS dieses gezielt gefördert werden. Hier liegt die Verantwortung in Gänze bei den Eltern, dieses zu gewährleisten, da das Schulsystem nicht auf Bildung ausgelegt ist. Ferner ist es nicht erforderlich und vor allem undurchführbar, dass ein junger Mensch alles durchschnittlich gut kann. Fakt ist, dass, wenn ein überdurchschnittliches Talent noch weiter gefördert werden würde, irgendwann eine EIGENE Elite heranwächst. Doch für diesen Schritt ist Disziplin und vor allem weitsichtiges Denken erforderlich, die größten persönlichen Schwächen der selbsternannten *„Eliten"*. Doch Übung macht den Meister. Ich möchte dieses Kapitel mit den Worten von Bruce Lee schließen:

"Ich habe keine Angst vor dem, der einmal 10.000 Kicks geübt hat, aber vor dem, der einen Kick 10.000-mal geübt hat."[32]

Und schlussendlich noch ein ganz dickes *„Lob"* an die Verantwortlichen in den Kultusministerien. Die aktuelle Generation brachte den durchaus positiven Flynn Ef-

---

[32] Bruce Lee

fekt zur Stagnation und geographisch weitläufig sogar in die Rückläufigkeit. Somit lässt sich auf eine systemisch bedingte, gewollte Verdummung schließen, die im Nachgang einleuchtet.

Dumm = Durchregierbar

Der Flynn Effekt laut Wikipedia:

„Der Flynn-Effekt bezeichnet die Tatsache, dass bis in die 1990er Jahre die Ergebnisse von IQ-Tests – bei unterbliebener Nacheichung – in Industrieländern im Mittel immer höhere Werte erbrachten, die gemessene Intelligenz also zunahm. Dieser Trend wurde erstmals 1984 vom neuseeländischen Politologen James R. Flynn für die Vereinigten Staaten beschrieben und 1994 von Charles Murray und Richard Herrnstein Flynn-Effekt genannt.“

Schon GEZahlt?

Die ehemalige Gebühreneinzugszentrale versuchte sich über eine Imagekampagne einer Neuzellenkur zu unterziehen.   ARD-ZDF-Deutschland-Radio-Beitragsservice nennt sich die ehemalige GEZ seit dessen.

Service!

Welch modern anmutender Begriff für einen längst überflüssigen Großkonzern. Die Begrifflichkeit *„Service"* soll dem *„Kunden"* in Sicherheit wiegen und Leistungen und Betreuung suggerieren. Die PR-Firma jedenfalls stellte sich nicht als die Beste heraus. Mit Redewendungen wie *„Beitragsservice"* lockt man heute niemanden mehr hinter dem Ofen hervor. Das ganze Projekt kann getrost als Todgeburt bezeichnet werden. Alter Muff in neuem Gewand und dieses völlig lieblos in Szene gesetzt, war die Investition in die viel zitierten Zitronen.

Ein weiterer PR-Gag ist die Wortkreation

„Demokratieabgabe"

Eines der größten Eigentore in der Vita der Geldverbrennungsmaschinerie GEZ.

FAZIT

Selbst das verklärteste Schlafschaf versteht diesen Begriff falsch und somit im Umkehrschluss gar richtig. Über die erzwungene **Abgabe** für den sogenannten Beitragsservice wird die Demokratie **abgegeben**. Sehr treffend! Und das in die Hände derer, die Kritik und oppositionelle Meinungen nicht dulden. Wer wie ich den Kulturmarxismus als totalitäres Regime versteht, schaut mit großer Besorgnis auf diese systemische Verfehlung. Der Staat im Staat ist vollkommen aus dem Ruder gelaufen. Eine als Beitrag getarnte Steuer trifft definitiv nicht meine Zustimmung. Zumal die durch die Medien propagierten Inhalte das Zentrum der kulturmarxistischen Herrschaft bilden.

Der Widerstand in der Bevölkerung wächst. Die

Umweltsau/Nazisau-Affäre

tat ihr Übriges dazu. Selbst der gleichgeschaltetste Sozialromantiker schaute nun hinter die Fassade der geistigen Terrorfraktion. Die oben genannte Verfehlung veranlasste die Führungsriege des Konzerns erneut dazu eine PR-Kampagne ins Rollen zu bringen, die die verirrten Schäfchen erneut ins Trockene bringen sollte. Doch die Salbe war aus der Tube und es gab keinen Weg zurück. Dass der Service sich von diesem Schlag erholt, ist sehr unwahrscheinlich. Doch Angriff ist scheinbar die beste Verteidigung und eine Beitragserhöhung wurde noch in der Coronakrise beschlossen.

> Der denkbar schlechteste Zeitpunkt! In der freien Marktwirtschaft geht bekanntlich der, der nicht mit der Zeit geht.

Ein Konzern, der 8 Milliarden Euro!!! (das ist der Jahresetat von ganz Hollywood) im Jahr Zwangsenteignet und trotz alledem um seine Existenz fürchten muss, hat die Kontrolle über sich und seine Finanzen vollends verloren. So hebe er die Finger und ruhe in Frieden! Der Markt entwickelt seine eigenen Dynamiken in Sinne von Angebot und Nachfrage und reguliert sich infolgedessen eigenverantwortlich. Es ist alles nur eine Frage der Zeit.

Wie sinnbefreit und inadäquat das System hinter der Beitragsmaske wirklich ist, möchte ich im Anschluss an einem Beispiel erörtern:

Der ortsansässige Klempner Herr Mustermann schreibt völlig ungewollt Frau Müller an. Er, als Firma mit Umsatzsteuernummer, möchte von Frau Müller unter

Zwang einen Wartungsvertrag für Ihren Heizkessel einfordern und droht bei nicht Beachtung mit Enteignung. Den Sepa für den Geldtransfer hat Mustermann beigelegt. Doch Frau Müller möchte die Leistungen von Herrn Mustermann nicht, da sie eine Wärmepumpe betreibt, ist ein Wartungsvertrag für einen Heizkessel perse hinfällig und die Art und Weise der Bedrohung stellt für sie den Tatbestand der Erpressung dar.

Die ungewollten Leistungen des Herrn Mustermann werden von Frau Müller vollkommen rechtens abgelehnt. Doch Herr Mustermann lässt nicht locker. In regelmäßigen Abständen belästigt er sie mit Briefen, in denen er mit Zwangsvollstreckungen oder gar Haftstrafen droht, wenn sie nicht endlich seine Dienste in Anspruch nehme. Parallel schaltet er eine mediale Kampagne, die Frau Müller als rechtsradikale Verschwörungstheoretikerin diffamiert, um weiterhin Druck auf sie ausüben zu können. Beide treffen sich nach langem Schriftverkehr vor Gericht und Frau Müller wird vom Richter ins Gefängnis gesteckt. In Haft bekommt Frau Müller die Nachricht ihres ehemaligen Chefs, dass sie entlassen sei. Nach schier endlosen Wochen wird Müller entlassen. Die einzigen Briefe, die in ihrem Briefkasten lagen, waren die Kündigung ihres Berufsverhältnisses und ein Schreiben von Mustermann, indem er sie vom Wartungsvertrag freistellt, da es bei ihr finanziell eh nichts mehr zu holen gibt.

IN DIESER GESCHICHTE GIBT ES NUR VERLIERER...

BLOCK 3: KLIMATEIL

Über die Hysterie in den Extremismus – Die Klimasekte

- Die große Greta Show
- Der Glaube versetzt (Eis-)Berge
- Globale Erderwärmung oder Eiszeit? Vom Schwinden einer Grauzone
- Des Deutschen liebstes Kind
- Anhang

Die große Greta Show

Greta Tintin Eleonora Ernman Thunberg, geboren am 03. Januar 2003. Offiziell wird sie in den Medien als Klimaaktivistin bezeichnet. Ihr Auftrag:

Die Manifestation der Klimareligion und Festigung des CO_2 – Glaubens

Ein paar Hintergründe:

ELTERN

Ihre Mutter Malena ist Opernsängerin und Klimaaktivistin. Sie ging 2009 für Schweden beim Eurovision Song Contest ins Rennen und gilt in ihrem Heimatland als prominent. Aktuell ist sie als Opernsängerin tätig, jedoch mit überschaubarem Erfolg.

Ihr Vater Svante ist Schauspieler, Manager, Produzent und Autor. Auch er steht in Schweden in der Öffentlichkeit und gilt ebenfalls als prominent.

Greta ist wie oben angemerkt Umweltaktivistin. Sie ist mit Svante Arrhenius verwandt, dem Nobelpreisträger für Chemie, einer der ersten Referenten für das Konzept der globalen Erderwärmung. Greta leidet an dem Asperger-Syndrom. Festgestellt wurde ihre Erkrankung nach einer depressiven Phase. Für ihren Einsatz als Umweltaktivistin erntet Greta weltweit großes Lob. Sie wurde 2018 in die Liste der 25 einflussreichsten Teenager aufgenommen und in die Liste der 100 einflussreichsten Persönlichkeiten.

Diese begann am 20. August 2018 vor dem Reichstag in Stockholm. Sie startete eine Ein-Kind-Demo Show, die sie postwendend berühmt machen sollte.

Bei der extremen Klimaschutztruppe *„Extinction Rebellion"* war Greta innerhalb kürzester Zeit sehr beliebt. Die Gruppe ruft unter der Fahne des Klimaschutzes regelmäßig zu zivilen Ungehorsam auf. Seit November 2018 folgen Gretas Programm weltweit Jugendliche und sehen das Umweltthema als Grund dafür den Schulunterricht freitags meiden zu können. *„Fridays-For-Future"* war geboren.

Ziel der Veranstaltung:

Durch Nichterscheinen beim Schulunterricht die Zukunft sichern und die Umwelt retten.

Lösung

Hier wohl eher kontraproduktiv, wenn man es mit einem gewissen Abstand betrachtet. Verzicht auf Bildung kann **KEIN** probates Mittel sein, die Zukunft zu sichern. Die verlängerten Wochenenden jedoch scheinen einen positiven Aspekt darzustellen und sind ein starkes Verkaufsargument für Kinder, das Erderwärmungsticket zu lösen.

Ein paar Vorschusslorbeeren hat sich Greta wohl redlich verdient. Ihr Mut und Engagement sind aller Ehren wert. Zivilcourage ist in der heutigen Zeit Mangelware geworden.

UND JETZT DAS GANZ GROßE ABER:

- Greta ist durch ihren Urgroßvater Svante Arrhenius voreingenommen.
- Auch beide Elternteile werden dem linksgrünen Spektrum zugeordnet.

Wie es sich für einen guten Links-Grünen gehört, ist Gretas Vater natürlich weit entfernt vom Kapitalismus. Ihr Vater ist Geschäftsführer der Firmen Ernman Produktion AB und Northern Grace AB. Seit dem Marketingerfolg von Greta gehen die Aktienkurse beider Firmen steil durch die Decke. Das Buch *„Szenen aus dem Herzen"*, welches Gretas Tun beleuchtet, ging ebenfalls erfolgstechnisch durch die Decke und wirft als Bestseller ordentlich Profit ab. Die Art und Weise wie Greta in Szene gesetzt wird, wirkt statisch und durchgeplant. Von Herzen scheint hier eher wenig zu kommen. Auf die Konten der Eltern hingegen umso mehr.

 Eine ebenfalls nicht zu unterschätzende Tatsache ist folgende:

Greta leidet unter einer abgeschwächten Version des Autismus - dem Asperger-Syndrom. Dieses Syndrom lässt im Denken des Betroffenen keine Grauzonen zu. Entweder existiert:

- Schwarz oder weiß.
- Hell oder dunkel.
- Gut oder bösartig.

Außerdem sind paranoide Tendenzen im Einklang mit dem Syndrom des Öfteren festzustellen. Das lässt die tägliche Angst Gretas vor der nicht existenten Zukunft zwar für sie real erscheinen, aber leider ist es dies bezüglich auch sehr einfach die Angst in ihr zu schüren.

Die Geschichte der kleinen Greta ist durchzogen von faden Beigeschmäckern. Die Tatsache, dass ihre Eltern finanziell enorm an ihrer Berühmtheit bereichert werden, lässt Zweifel an der gesamten Kampagne aufkommen. Mit dem Wissen im Hinterkopf, dass Greta sehr empfänglich für Ängste ist, liegt der Vorwurf der Instrumentalisierung nahe.

Ihre Geschichte scheint durchgeplant und wie durch ein Drehbuch geleitet. Alles in allem wird scheinbar eine großangelegte Werbekampagne zu Gunsten der Klimareligion auf dem Rücken eines am Asperger-Syndrom erkrankten Mädchens ausgetragen. Dagegen wehren kann sie sich nicht.

Der Greta-Kult spaltet nicht nur die aufgeklärten und die verklärten Menschen voneinander, sondern ist im weitesten Sinne auch auf einen Krieg der Generationen ausgelegt.

UNSERE

Kinder gehen auf die Straße, um

UNS

die angebliche Zerstörung

IHRER

Welt anzukreiden.

Waren wir bis vor einiger Zeit noch durch rechts und links oder durch arm und reich separiert, werden wir ab sofort als Klimaretter und Klimazerstörer kategorisiert. Mal ganz nebenbei: Der Klimawandel hieß vor einigen Jahren noch *„globale Erderwärmung"*. Doch diese steile These konnte widerlegt werden und es musste eine neue Begrifflichkeit herhalten. Nun marschieren unsere selbsterzeugten Zinnsoldätchen gegen uns böse Klimatyrannen, die unter anderem die Parole *„Jute statt Plastik"* salonfähig machten. Welch schizophrene Entwicklung! Fremdgesteuerte Lügen trennen Familien durch inszenierte Lügengebilde. Teile und herrsche per excellence.

How dare **_YOU_**???

Die oben gelesenen Zeilen sind nun nicht einmal ein halbes Jahr alt und ich muss schon wieder ergänzend nachtragen:

Das klimatische Hamsterrad dreht sich unentwegt weiter und kreiert stetig neue Verwerfungen und Unwahrheiten.

Jeder, der eins und eins zusammenzählen kann, war von Beginn an der Meinung, dass die große Greta Show eine Inszenierung ist. Und siehe da: Ingmar Rentzhog meldet sich in der Öffentlichkeit zu Worte und bestätigt seine Absicht, in Gretas Namen Einkommen zu generieren. Wohl gemerkt zu seinen Gunsten. Es wäre moralisch nicht verwerflich, sich durch eine vermeintlich gute Sache zu bereichern... Der PR-Profi ist durch und durch Geschäftsmann und weiß die Klimadebatte gewinnbringend einzusetzen. „We don`t have time" (eine soziale Plattform für Klimaaktivisten) dient ihm als PR-Maschine und setzt die Klimadebatte in Szene.

„Wir haben keine Zeit",

das Pendant zu

„Ihr sollt in Panik verfallen".

Reißerische Panikmache, die instinktiv in die Psyche und die Geldbörsen der Geschädigten eindringt. So funktioniert PR, meine Damen und Herren! Auf rein geschäftlicher Ebene ist das ein ganz großes Tennis. Hut ab!

6 Flüge und eine Menge Rauch um nichts

Unser Gretel setzte mit einer 5 Millionenyacht nach Amerika über, um Ihre Propaganda unter das Volk zu bringen. Natürlich stilecht auf einem Schiff, dass in Besitz eines Rothschilds war. Alles ein dummer Zufall und Wind auf die Mühlen der aluhuttragenden Verschwörungstheoretiker. Auffällig an Gretas wilder Fahrt ist die mediale Berichterstattung. Es gibt Unmengen von Standbildern, aber zu Interviews in bewegten Bildern konnte sich unser Star nicht herablassen. Des Öfteren ließ sie sich durch den Kapitän entschuldigen, da das Leben auf rauer See es nicht zuließ sich ihren Jüngern persönlich zu widmen. Bezeichnender Weise war unser Gretel eher nachtaktiv und nicht sichtbar, da sie ihren Schlaf brauchte. Aus diesem Grunde gibt es nicht wenige, die an Gretas Anwesenheit auf der Rothschild Yacht zweifeln.

Kleine Randnotiz:

Das CO_2 neutrale Abenteuer war in Wirklichkeit eine regelrechte CO_2 Schleuder. 5(!) Segelexperten wurden per Flieger über den Atlantik geflogen, um die „*Malizia 2*" wieder in heimische Gefilde zu steuern. Der Kapitän der Hinfahrt hingegen, wurde per Flieger in die Heimat zurücktransportiert. Das macht nach Adam Riese und

Eva Zwerg 6 (!) Flüge für einen völlig sinnfreien Segeltörn. Ein Schritt nach vorne und sechs zurück.

Doch was dann geschah, verhöhnte selbst den Intellekt eines jeden Minderbemittelten:

Nach öffentlichem Gegenwind, ob der Scheinheiligkeit des Unterfangens, wurden postwendend Überlegungen über den Rücktransport Gretas angestrengt. Und jetzt kommt der offensichtliche Beweis dafür, dass man in diesen Zeiten mit Logik und Vernunft nicht mehr weiterkommt:

Es wurde tatsächlich von Gretas Vorgesetzten in der Öffentlichkeit diskutiert, ob Ihre Heimreise auf einem Frachtschiff stattfinden soll, da dieses nun eh schon fahren würde und ein Passagier mehr oder weniger den Hahn auch nicht mehr Fett machen würde.

Frachtschiff = Schweröl!

Also gehen wir davon aus, dass der neue Umweltpapst mit schwarzem Rauch bestätigt wird! Die Logik ad acta.

Hatespeech auf der anderen Seite des großen Teichs

In den USA sollte es zu einem Aufeinandertreffen der wohl polarisierendsten Persönlichkeiten unserer Zeit kommen. Greta Thunberg und Donald Trump. Sagen wir es mal so: Wenn Blicke töten könnten, bräuchten die USA einen neuen Präsidenten...

Doch Gretas Hassrede sollte in die Geschichte eingehen. Wütend fauchte sie mit Hass verzehrter Miene ins Mikrofon:

„Meine Botschaft ist, dass wir Euch beobachten! Das hier ist alles falsch, ich sollte hier nicht sein, ich sollte zurück in der Schule sein auf der anderen Seite des Ozeans - aber Ihr kommt immer noch zu uns jungen Menschen, um Euch Hoffnung zu geben! Wie konntet Ihr es wagen, meine Träume und meine Kindheit zu stehlen mit Euren leeren Worten? Wir stehen am Anfang eines Massenaussterbens und alles, worüber Ihr reden könnt, ist Geld und die Märchen von einem für immer anhaltenden wirtschaftlichen Wachstum - wie könnt Ihr es wagen? Wenn Ihr die Situation wirklich verstehen würdet und uns immer noch im Stich lassen würdet, dann wärt Ihr grausam und das weigere ich mich zu glauben. Wie könnt Ihr es wagen zu glauben, dass man das lösen kann, indem man so weiter macht wie bislang - und mit ein paar technischen Lösungsansätzen? Ihr seid immer noch nicht reif genug zu sagen, wie es wirklich ist.

Ihr lasst uns im Stich. Alle kommenden Generationen haben Euch im Blick und, wenn Ihr Euch dazu entscheidet, uns im Stich zu lassen, dann entscheide ich mich zu sagen: ‚Wir werden Euch das nie vergeben! Wir werden Euch das nicht durchgehen lassen! Genau hier ziehen wir die Linie. Die Welt wacht auf und es wird Veränderungen geben, ob Ihr es wollt oder nicht.“

FAZIT

Wie weltenfremd diese Ideologien sind, ist recht schnell untermauert. Greta beißt hasserfüllt und unter medialer Präsenz in die Hände, die sie nähren. Ich denke, dass diese Rede aus ihrer Sicht eher geschäftsschädigend war und zur Folge haben wird, dass ihre Laienspiele demnächst weniger Beachtung finden werden. Da bringt es auch wenig, bei schwindendem Interesse, durch tragen eines Antifa[33]-Shirts „Sympathien“ zu erhaschen. Aber das ist ein anderes Thema… Die Reaktion von Kollegen Trump hingegen war recht amüsant:

„Greta scheint ein sehr glückliches, junges Mädchen zu sein, dass sich auf eine wunderbare Zukunft freut.“

12 Points Amerika. Mal unter uns Pastorentöchtern: Der mächtigste Mann der Welt wird sich wohl kaum von einem 16-jährigen Mädchen den Glauben an die

---

[33] Abkürzung für Antifaschistische Aktion

globale Erderwärmung befehligen lassen. Trump muss das nicht tun. Er ist bereits Milliardär.

Um noch kurz auf die angeblich verlorene Jugend Gretas zurück zu kommen:

Es gibt Kinder mit Hunger, die nicht halb so viel jammern wie Greta. Sie selbst lebt in Frieden, Wohlstand und folglich in Saus und Braus. Ihr Elternhaus wird seit ihrer Einführung zum *„Klimahalbgott"* mit Mammon überschüttet und ihr Leben besteht aus Reisen, Schulschwänzen und High-Society-Veranstaltungen. Anderswo

- verhungern Kinder,
- sterben Kinder in Kriegen,
- bergen mit bloßen Händen Alkalimetalle für unsere ach so umweltschonenden Elektrofahrzeuge
- werden täglich Kinder in Kriegsgebieten geschändet, die jünger sind als unsere allwissende Klimaaktivistin.

IHNEN wurde die Kindheit gestohlen und wen interessiert es?
Genau! Niemanden! Und am allerwenigsten die Wohlstandsmüll produzierenden, verführten Freitagsschwänzer.

Auf die Gefahr hin, dass ich im Anschluss den Unmut einiger Leser auf mich ziehen werde, zitiere ich dennoch eine Bibelstelle. Ein bekennend Ungläubiger zitiert aus dem großen Buch. Es sind wahrhaftig wirre Zeiten.

Die Bibel sagt in Matthäus 24, 4, 5, 24-26:

„Jesus aber antwortete und sprach zu ihnen: Seht zu, dass euch nicht jemand verführe. Denn es werden viele kommen unter meinem Namen und sagen: Ich bin der Christus und sie werden viele verführen. Denn es werden falsche Christusse und falsche Propheten aufstehen und große Zeichen und Wunder tun, so dass sie, wenn es möglich wäre, auch die Auserwählten verführen. Siehe, ich habe es euch vorausgesagt. Wenn sie also zu euch sagen werden: Siehe, er ist in der Wüste! So geht nicht hinaus, siehe, er ist drinnen im Haus! So glaubt es nicht."

Damals so wie heute. An den Methoden der Verführer scheint sich im Laufe der Jahrhunderte nicht viel geändert zu haben. Das Vortäuschen falscher Tatsachen als Wahrheit getarnt. Die Wölfe im Schafspelz agieren nach wie vor. Und sollte eine Sau ins Straucheln geraten, wird eben eine andere durchs Dorf getrieben.

DER GLAUBE VERSETZT (EIS-)BERGE

Im folgenden Kapitel werdet Ihr in bester Oberlehrermanier von mir in die Anfangszeiten der weiterführenden Schule zurückversetzt. Anhand der Thematik *„Klimareligion"* werde ich Euch beweisen, dass der Glaube (Eis-)Berge versetzt und das rationale Denken stummschaltet.

Die Propaganda überflügelt das Wissen oder etwa das Wissen wollen?
Mit Fakten und fundiertem Wissen jedenfalls bekommt man die emotionale Klimadebatte jedenfalls schon lange nicht mehr kommuniziert. So lasst uns noch einmal in die gute alte Zeit der 5. – 7. Schulklasse zurückgehen und ein wenig auffrischen.

> ## *ERDKUNDE UND GESCHICHTE*

Es gibt dokumentierte Beweise für den Fund fossilierter Palmen in Sibirien, Alaska und Spitzbergen. Palmen sind Indikatoren für frostfreie Gebiete mit subtropischen Verhältnissen, in denen die Durchschnittstemperaturen um die 18 ° C liegen und nicht unter 8 ° C abfallen.

Die guten, alten Wikinger waren nicht nur Eroberer im kämpferischen Sinne. Viele von Ihnen betrieben regen Handel und Landwirtschaft. Doch viele norwegische Wikinger hatten es im kalten, steinigen Skandinavien nicht leicht und machten sich in die Welt auf, um extern neue Siedlungen zu gründen. Im kargen Island wurden sie fündig, aber nicht nur hier, sondern einige von ihnen entdeckten eine noch zu beackernde Fläche. Es sollte eine Insel sein: die größte der Welt mit der niedrigsten Bevölkerungsdichte. Grönland, das grüne Land. Was vor einigen Jahren (heute im Übrigen ebenfalls) erwiesene Fakten waren, soll heute über Portale wie Wikipedia widerlegt werden, in dem man mit Vermutungen neue Denkrahmen (Frames) vorgibt. So heißt es auf Wikipedia:

„Auch während der mittelalterlichen Warmzeit wurde die südwestliche Küste als ein vermeintlich GRÜNES LAND vermarktet und von wikingischen Siedlern bewohnt."

Vermeintlich *„grünes Land"*. So, so.

Wieder eine Verschwörungstheorie, ähnlich der Palmenfunde unter Eis?
Wer es glaubt wird selig.

Im Europa des 15. Jahrhunderts gab es eine lange Wärmeperiode mit extrem milden Wintern. Infolgedessen blühten die Landwirtschaft und der Ackerbau, was im Allgemeinen höheren Wohlstand für alle nach sich zog. Als Bonus gab es obendrein weniger Tote durch Erkrankungen und Kältetode zu beklagen.

PHYSIK, CHEMIE UND BIOLOGIE

Der Spruch:

„Das ist nur die Spitze des Eisberges"

kommt nicht von ungefähr. Nur zirka ein Siebtel des Eisberges ragt aus der Wasseroberfläche hinaus. In der 5. Klasse lehrte man uns die verschiedenen Aggregatzustände sämtlicher Stoffe.

Im Anschluss möchte ich mit Euch ein kleines Experiment starten:

Nehmt eine handelsübliche PET-Flasche und füllt sie mit Wasser. Danach markiert Ihr den Füllstand und friert die Flasche ein. Wenn das Wasser in der Flasche gefroren ist, überprüft Ihr den Füllstand.

Die Fakten vorab: Ihr werdet eine aufgedunsene Flasche aus dem Froster nehmen, deren Füllstand einen höheren aufweist, als vor dem Gefrieren. Im Umkehrschluss geht der Füllstand wieder in den alten Zustand zurück, wenn das Wasser vollständig abgetaut ist. Und jetzt lasse ich Euch mit diesem Ergebnis ein paar Sekunden allein...

Fertig? Glaubt Ihr immer noch, dass in ein paar Jahren Holland geflutet wird?

Dass Ihr die Stadt Venlo im Osten der Niederlande jemals als Küstenstadt erleben werdet, ist wohl eher unwahrscheinlich, oder?

Schaut Ihr immer noch Filme wie den Blockbuster 2012 und lasst Euch von den Katastrophen erschüttern oder belächelt Ihr sie?

Die Fotosynthese in vereinfachter Form:

Pflanzen nehmen CO_2 auf und wandeln es in Sauerstoff um.

Positiver Nebeneffekt ist das geförderte Pflanzenwachstum.

Das sogenannte global greening. CO_2 ist also Netto unter dem Strich für die rasant ansteigende Vergrünung des Planeten verantwortlich.

Diese unangenehme Wahrheit scheint den Klimaaktivisten durchgerutscht zu sein. Der CO_2-Gehalt in der Luft beträgt 0,038 Prozent. Mit dieser Aussage gehen so gut wie alle Wissenschaftler dakor, die weder staatlich subventioniert sind noch durch die GEZ publik gemacht werden. Der Einfluss des Menschen auf den CO_2-Gehalt unserer Umgebung beträgt ca. 4 Prozent des Ganzen. Das macht nach Adam Riese und Eva Zwerg 0,00152 Prozent. Diese Tatsache als Grundlage sollte einen jetzt wirklich nicht in Panik verfallen lassen. Allein die Tatsache, dass bei den google'schen Suchergebnissen nach Anfrage des CO_2-Anteils in der Luft, die Widerlegung dieser Fakten durch correctiv.org propagiert wird, sollte einen Aha-Effekt eines Jeden nach sich ziehen. Diese Plattform dient einzig und allein der Erhaltung des gewünschten Narratives und der Einhaltung der ideologisch auferlegten Denkschablonen.

Der nicht zu unterschätzende finanzielle Aspekt:

Die Klimareligion ist zu einer finanziellen Milliardenblase aufgebläht worden, deren Platzen eine Welle der Verwüstung beim Kapital auslösen wird. Peak Oil und der erneute Weltuntergang sind jedenfalls für ca. 2031 angekündigt.

Bis dahin muss die dünnheutige Blase geschützt werden, komme was wolle. Als Alternativen wurden schon Todesstrafen für *„Klimaleugner"* gefordert.

Eine recht radikale Art der Überzeugung, wie ich finde.

Das Wissen und die Wahrheit sind allgegenwärtig und frei zugänglich. Einzig und allein der Glaube, indoktrinierte Lügen und das übermächtige Narrativ als Niederhalteinstrument stehen zwischen den Tatsachen und den unhaltbaren Thesen. Doch wer aus den fundierten wissenschaftlichen Belegen, siehe oben, nicht den sittlichen Nährwert zieht, läuft der Klimasekte schnurstracks in die Fänge und wird nicht nur mit der Realität, sondern auch mit seinem harterarbeiteten Kapital in Zukunft eine Fernbeziehung führen. In zirka zwölf Jahren wird die Blase dennoch an der Wahrheit zerschellen und alle desillusionierten Jün-

FAZIT

ger können nicht behaupten sie hätten von nichts gewusst. **Dieses Mal nicht**!

Globale Erderwärmung oder Eiszeit? Vom Schwinden einer Grauzone

Da der Klimawandel und die globale Erderwärmung scheinbar beschlossene Sache zu sein scheint, irritiert mich ein Bericht des Focus Online doch zutiefst. Diesen möchte ich meinen Lesern natürlich nicht vorenthalten und gebe ihn in Originalauszügen unten wieder. Die Ergebnisse sind doch eher überraschend:

„Der Fehlstart von Zyklus 24, fürchteten manche Forscher, könne unliebsame Folgen haben. Aufgrund der verringerten Energieabstrahlung von der Sonne sei eine Abkühlung der Erde zu erwarten. Einige von ihnen, darunter der russische Astronom Khabibullo Abdusamatow vom Pulkovo-Observatorium in St. Petersburg, prophezeiten sogar eine neue Kleine Eiszeit. Auch jetzt, nachdem die Sonnenaktivität wieder aufflammte, geben manche Sonnenforscher keine Entwarnung. Der weitere Verlauf des neuen Zyklus, argumentieren sie, sei noch unklar. Tatsächlich lassen einige Modelle des „solaren Dynamos", der die starken Magnetfelder im Sonneninnern erzeugt, eine längere Phase verminderter Aktivität erkennen.

Die Kleine Eiszeit war eine Klimaperiode, die mit bitterkalten Wintern und feuchten, kühlen Sommern einherging. Sie dauerte von Anfang des 15. bis ins 19. Jahrhundert hinein. Zwei besonders kalte Abschnitte waren das „Maunder-Minimum", das von 1645 bis 1715 anhielt, sowie das „Dalton-Minimum" von 1790 bis 1830. Im Maunder-Minimum gab es eine Phase von 30 Jahren, in der auf der Sonne insgesamt nur 50 Flecken auftauchten, normal wären jedoch mehrere Tausend gewesen. In dieser Periode zählten die Beobachter 3579 fleckenlose Tage in Folge.

Nach Ansicht einiger Astrophysiker übersprang die Sonne damals mindestens einen Zyklus. Wäre der Zyklus 24 in gleicher Weise ausgefallen, hätte die Sonne abermals über Jahre oder gar Jahrzehnte im Zustand niedrigster Aktivität verharren können. Die Auswirkungen solcher langen Ruhephasen unseres Zentralgestirns auf das Klima werden von vielen Forschern mittlerweile heftig diskutiert."

Weiter heißt es:

„Eine anhaltende Kaltzeit prophezeit auch der russische Astronom Abdusamatow. Die von Treibhausgasen verursachte Erderwärmung, argumentiert er, habe zwischen 1998 und 2005 ihren Höhepunkt erreicht,

danach erwärmte sich der Globus nicht mehr; das Jahr 2007 sei etwa ebenso warm gewesen wie 2006. Dies beweise, dass die Sonne die treibende Klimakraft ist. Denn obwohl die Konzentration des wichtigsten Treibhausgases Kohlendioxid im vergangenen Jahrzehnt um vier Prozent stieg, sei die globale Erwärmung praktisch zum Stillstand gekommen.

„Hätte die globale Durchschnittstemperatur direkt auf diesen Anstieg reagiert", sagt Abdusamatow, *„hätte sie um mindestens 0,1 Grad ansteigen müssen. Das ist aber nicht geschehen." Als Ursache nennt er einen weiteren Sonnenzyklus von 200 Jahren Dauer, der 2041 ein Minimum erreichen soll. Allerdings werde die Kälteperiode erst ab 2055 mit voller Wucht einsetzen und 45 bis 65 Jahre anhalten. Über 80 Prozent der Weltbevölkerung wären betroffen."*

Und es kommt noch besser:

„Ozeane verzögern Abkühlung.

Die Verzögerung wird durch die thermische Trägheit der Ozeane bewirkt. Die in ihrem Wasser gespeicherte Wärme hält die Abkühlung unseres Planeten noch einige Jahre auf. „Dann aber müssen wir mit wachsenden Eiskappen an den Polen rechnen, anstatt mit einem steigenden Meeresspiegel", behauptet *Abdusamatow.*

Ins gleiche Horn stößt mittlerweile auch die Nasa. Ende 2006 prognostizierten ihre Experten, der Zyklus 24 werde sehr stark ausfallen und 2010 oder 2011 sein Maximum erreichen. „Es sieht so aus, als ob es einer der intensivsten Zyklen seit Beginn der Aufzeichnungen würde", verkündete damals der Sonnenphysiker David Hathaway vom Marshall Space Flight Center.

Die Sonnenflecken-Relativzahl – sie ist ein Maß für die magnetische Aktivität an der Sonnenoberfläche – könne 160 plus/minus 25 betragen. Dies wäre einer der höchsten bisher gemessenen Werte. „Eigenartigerweise gab es vier der fünf bisher stärksten Zyklen in den vergangenen 50 Jahren", bemerkte Hathaway. „Der Zyklus 24 könnte sich nahtlos in dieses Muster fügen."

Natürlich ist der Focus an seine Richtlinien und Vorgaben gebunden und relativiert beziehungsweise entschärft die Diskussion gegen Ende Mainstreamüblich. In diesem Sinne fällt der Abschluss des Beitrags dementsprechend politisch korrekt aus. So heißt es:

„Vorhersagen sind fragwürdig"

„Zwar sei für die Vergangenheit eine schwache Korrelation zwischen Sonnenaktivität und Erdtemperatur zu erkennen, doch die Unsicherheiten bei der Rekonstruktion der Klimadaten wären sehr groß. „Mehr Si-

cherheit besteht für die letzten 100 Jahre, wo die Berechnungen zeigen, dass der Temperaturanstieg im 20. Jahrhundert zu etwa 30 Prozent auf die Sonne zurückgehen könnte", so Schüssler. „Doch der aktuelle Anstieg verläuft seit etwa 1970 von der Sonnenaktivität entkoppelt." Zudem werde sich die veränderte Aktivität künftig mit dem Effekt der Treibhausgase überlagern. Ein neues tiefes Minimum dürfte die globale Erwärmung somit allenfalls ein wenig abschwächen. „Ich würde nicht auf die Sonne hoffen", meint Schüssler. „Die Abkühlung ist nur vorübergehend. Beim nächsten Maximum verstärken sich beide Erwärmungseffekte, dann geht es mit der Erderwärmung erst recht los."

Selbst Klimaskeptiker Abdusamatow konzediert, dass die von ihm prognostizierte Kaltzeit nicht so schlimm ausfallen werde wie das Maunder-Minimum, in dem die globale Durchschnittstemperatur um bis zu 1,2 Grad sank. „Die Erde", sagt er, „wird sich um maximal ein Grad abkühlen. Die kältesten Jahre Mitte des 21. Jahrhunderts werden damit wärmer sein als am Ende des 17. Jahrhunderts."

Mit den oben genannten Fakten sieht der Beitrag der Relativierung eher wie ein verzweifelter Versuch der *„Mainstreamverschwörungstheoretiker"* aus, die politische Kurve noch einmal zu bekommen und das Narrativ aufrecht zu erhalten. Netto unter dem Strich hätte sich der Focus diesen Bericht wohl besser erspart, und wäre bestenfalls bei der kulturmarxistischen Leitkultur der totalen Ignoranz geblieben.

DES DEUTSCHEN LIEBSTES KIND

Seit jeher ist der deutsche Autofahrer einer der beliebtesten Melkkühe des Staatsapparates. Das Bundesministerium für Finanzen gibt die jährlichen Steuereinnahmen durch KFZ`s mit rund 9 Milliarden Euro Steuern an. Das sind immerhin eine Milliarde Euro mehr als die Einnahmen der GEZ und des Kontingents Hollywoods pro Jahr. Wer jedoch denkt, dass die Einnahmen Zweck gebunden wären, den belehrt der Allgemeinzustand der Straßennetze eines Besseren. Wie bei allen Steuereinnahmen wird das aktuell klaffendste Loch zuerst gestopft. Ein Angriffskriegchen hier, eine Diätenerhöhung dort und schon verpuffen die Milliarden im Ether.

Zusätzlich werden dem Steuerzahler Abgaben durch hochversteuerten Treibstoff auferlegt. Gleich mehrere Steuern sind in einem Liter Treibstoff inkludiert. Die genaue Aufstellung findet Ihr im Anhang an dieses Kapitel.

Das KFZ als solches stellt somit eine hohe Einkommensgarantie für den Staatsapparat dar. Doch hin und wieder muss eine neue Sau durch das Dorf getrieben werden, um die Exponentialfunktion des Geldsystems zu beschicken. Des Deutschen liebstes Kind bietet hierfür enorm viel Angriffsfläche, da ein Verzicht schier unmöglich erscheint. Als größter Wirtschaftsturbo im KFZ-Bereich drängt sich immer wieder der Missbrauch der Klimareligion in den Vordergrund.

2009: Die Umweltprämie (Abwrackprämie)

„Die alten Stinker sollten nun endgültig aus dem Verkehr gezogen werden", so der Tenor der Politlandschaft. Ein edler Gedanke auf den ersten Blick, diesem folgt ein fader Beigeschmack, wenn man einen zweiten Blick darauf wirft. Das Finanzsystem lief 2007 wieder einmal auf Grund und hinterließ dramatische Rückgänge bei der Abnahme von Neufahrzeugen. Aber ein System, dass der Gesetzmäßigkeit der Exponentialfunktionen unterliegt, kann auf Dauer keine rückläufigen Verkaufszahlen verkraften. Eine Lösung musste schnellstmöglich her. Die sogenannte **Abwrackprämie** wurde ins Leben gerufen. Wer ein Fahrzeug sein Eigen nannte, das vor neun Jahren oder später angemeldet wurde, konnte von dem Angebot Gebrauch machen. Voraussetzung hierfür war die Verschrottung des alten Fahrzeugs. Ganz genau. Die Verschrottung.

Die Fahrzeugherstellung eines Fahrzeugs verschlingt Unmengen Ressourcen und Energien und im Umkehrschluss sollen völlig intakte Fahrzeuge entsorgt, statt aufgefahren werden?

So begab es sich, dass zum Beispiel ein Audi TT mit geringer Laufleistung der Presse ausgeliefert war, nur weil er den völlig unausgegorenen Kriterien unterlag. Auf wirtschaftlicher Basis war diese Maßnahme also vertretbar, aus ökologischer Sicht wie immer fragwürdig und schöngerechnet. Die Anzahl der neuangemeldeten Fahrzeuge jedenfalls scheint die CO_2-Minderung nicht wirklich vorangetrieben zu haben, sonst wäre der aktuelle Hype nicht tragbar.

Offensichtlich scheint die systemisch notwendige Obsoleszenz[34] einen Bogen um die deutschen Fahrzeuge gemacht zu haben. Diesen Missstand behob die Abwrackprämie in der Krisenzeit obendrein und alle waren oberflächlich zufriedengestellt. Nur wer den Sinngehalt überprüft, kommt, wie immer, zu anderen Schlüssen.

So wie das Unwort des Jahres ungeliebten Wörtern die Substanz entzieht, so stärkt das Wort des Jahres die posi-

---

[34] die Alterung eines Produkts

tiven Assoziationen. Die Begrifflichkeit *„Abwrackprämie"* wurde von der Gesellschaft für deutsche Sprache als Wort des Jahres geehrt.

2013: Dieselgate

Die Manipulation der Abgaswerte von Dieselfahrzeugen schlug hohe Wellen. Unter Dauerbeschuss ist seit dessen vor allem der Volkswagenkonzern. Er wurde als Mutter allen Übels in den Köpfen manifestiert. Andere Hersteller manipulierten ebenfalls, was aber von den Medien nur abgeschwächt kommuniziert wurde. Sachlich betrachtet diente die Inszenierung der Dieselgate-Affäre gleich mehreren Zwecken:

DIE DE-INDUSTRIALISIERUNG DES STANDORTS DEUTSCHLAND KONNTE WEITER VORANGETRIEBEN WERDEN.

Seit Jahrzehnten tobt der Krieg gegen die deutsche Industrie. Sämtliche Standbeine wurden dem Lande systematisch weggetreten.

Beispiele hierfür: Die Abschaffung der ehemals grundlegenden Wirtschaftszweige Kohlewirtschaft, Stahlindustrie und wie oben angemerkt Fahrzeugbau.

Der mittlerweile auf dem Zenit seiner Wirkungsgrade angelangte Diesel wurde nun als neues Feindbild arrangiert. Da die Nichtdeutschen Hersteller in der E-Mobilität seit jeher die Nase vorn haben, eine gewinnbringende Situation für die Verfechter der antideutschen Repressalien. Die Wirtschaft konnte nun durch Panikkäufe und Verkäufe erneut beschickt werden, ohne den deutschen Markt zu stärken.

Das Kaufverhalten der deutschen Autofahrer musste erneut revolutioniert werden, was über Stimulation der „German-Angst" langfristig Umsätze sichern wird.

E-Mobilität – Saubere Lösung oder der Messias der Beschränkten?

E-Fahrzeuge waren im Umsatzstarken Deutschland seit jeher ein Waisenkind. Die Akkumulatoren waren und sind stetig im Fokus der Kritiker. Der Bestandteil Kobalt wird in Mienen geborgen, das nicht selten illegal und unter humanitär unwürdigen Bedingungen geschieht. Dies wird regelmäßig mit dem Tode der Mienenarbeiter bezahlt. Auch Kinder befinden sich unter den Todesopfern. Für die Bergung des erforderlichen Lithiums werden in Südamerika ganze Landstriche durch Abpumpen des Grundwasser brachgelegt und hinterlassen sinnbildlich verbrannte Erde.

Die in Fahrzeugen verbauten Akkumulatoren sind in der Vergangenheit häufig die Ursache von Fahrzeugbränden gewesen. Überhitzungen waren dabei der ausschlaggebende Punkt.

Ein **negativer Nebeneffekt** eines brennenden E-Fahrzeugs ist die Tatsache, dass der Brandunfall stetig einen **Chemieunfall** durch das Auslaufen der Akkus nach sich zieht.

Noch **eine Woche nach Löschung** des Fahrzeugs ist eine erneute Entzündung möglich, was die Feuerwehren regelmäßig vor Probleme stellt.

Als Folge werden abgebrannte Elektrofahrzeuge eine Woche lang in mit Wasser gefüllten Containern gelagert, um einer erneuten Selbstentzündung vorzubeugen.

Ferner gibt es ideologisch geprägte Pläne sämtliche AKW`s bis spätestens 2022 vom Netz zu nehmen. Da noch keine wirklich nachhaltigen Alternativen zur Stromerzeugung geschaffen wurden, wird es absehbar zu Einschränkungen in der E-Mobilität kommen, Gesetz dem Falle die Anzahl der Fahrzeuge nehme weiterhin zu.

Die strahlend weiße Weste der neuen heiligen Kuh ist derart mit Dreck befleckt, dass selbst die Mainstreammedien negative Kritik durchsickern lassen. Die E-Mobilität in den Stand der Alternativlosigkeit zu erheben ist somit wenig zielführend und muss neu diskutiert werden.

Die deutsche Fahrzeugindustrie und der fahrende Michel werden in Zukunft weiterhin die Melkkuh der Politik und ihrer überbezahlten Darsteller sein. Die Einnahmemöglichkeiten werden durch Analyse der Märkte eruiert und des Weiteren ausgeweidet. Wer auf motorisierte Fahrten angewiesen ist, wird auch bei den sogenannten Alternativen finanziellen Nachteilen ausgesetzt sein. Die kosten werden dogmatisch zum Endverbraucher durchgereicht.

Anhang

DES DEUTSCHEN LIEBSTES KIND

Der **Preis** von **1 Liter Super** ergibt sich wie folgt:

- Produktpreis: 45,49 Cent pro Liter

- Deckungsbeitrag: +12,85 Cent pro Liter

- Mineralölsteuer: +64,45 Cent pro Liter

- Mehrwertsteuer: +23,52 Cent pro Liter

- Endpreis: **147,31 Cent pro Liter** davon sind **88,97 Cent Steuern**

Der **Preis** von **1 Liter Diesel** ergibt sich wie folgt:

- Produktpreis: 48,88 Cent pro Liter

- Deckungsbeitrag: +14,06 Cent pro Liter

- Mineralölsteuer: +47,07 Cent pro Liter

- Mehrwertsteuer: +20,90 Cent pro Liter

- Endpreis: **130,88 Cent pro Liter** davon sind **67,94 Cent Steuer**

BLOCK 4: PHILOSOPHISCHER TEIL

- Alles auf Horst
- Der Metaller, die Meinung der anderen und Du
- Arbeit ist das halbe Leben?
- Niveau? Am Arsch!
- Stimmige Stimmen
- Wie lange gibt es Dich schon?
- Willkommen im Gender up
- Von Normen und Norma
- „Normen und Norma" Backstage

Alles auf Horst!

Die Tatsache, dass Menschen beruflich erfolgreich sind, ist durchaus achtenswert und definitiv zu bewundern. Die Mittel und Wege, die das Durchstarten im Beruf ermöglichen, müssen mühsam erschlossen und erlernt werden.

Doch was ist, wenn der Mensch sich im Berufsleben verliert und sich aus der Sozialebene immer mehr herausnimmt?
Damit meine ich selbstverständlich nicht die berufliche Sozialebene, vielmehr die private. Ohne soziale Kompetenzen wird es im Beruf übrigens auch eng für alle Beteiligten, ist aber im Moment nicht das Thema.

In letzter Zeit stellte ich mir eine Frage oft und intensiv:

Laufe auch ich Gefahr, mich im Berufsleben zu verlieren?
Die Gründe dafür sind naheliegend:

Ich selbst bin mittlerweile aus dem Angestelltenverhältnis in die Selbstständigkeit herübergewechselt. Folglich investiere ich viel Zeit in meine anstehenden Projekte.

Doch will ich in Zukunft „nur" Rainer, der selbstständige Zentralheizungs- und Lüftungsbauer sein?

O d e r

Will ich Rainer sein, der von anderen geliebt und geschätzt wird UND nebenbei ein Geschäft als selbstständiger betreibt?

Stellt Euch einen Mann mittleren Alters vor. Das ist Horst. Horst ist seit vielen Jahren selbstständig und leitet einen Dachdeckerbetrieb. Der Betrieb läuft gut. Er hält einige Angestellte in Lohn und Brot. Im Dorf ist er gut angesehen und genießt die Bewunderung der breiten Masse. Auch völlig zu Recht! Er hat stetig viel geleistet und das verdient Respekt.

Horst ist einem ständigen Leistungsdruck ausgesetzt.

Seine Zufriedenheit jedenfalls sinkt immer mehr und nur weitere Höchstleistungen können seinen unruhigen Geist temporär befriedigen. Um sich selbst spüren zu können, betäubt er sich zunehmend mit Nervengiften. Eine kontraproduktive Handlung, wenn man den vorigen Satz mal in seine Bestandteile zerlegt. Um seine körperlichen und seine mentalen Fähigkeiten ist es immer schlechter bestellt und auch das senkt seine Lebensqualität. Der ständige Stress und die mangelnden Ruhephasen zehren ihn von innen heraus auf.

Sein Unterbewusstsein aber kennt sein Problem genau:
Über den hausgemachten Leistungsdruck hat er seinen Bezug zur Realität verloren und das produziert permanentes Unwohlsein. Die Dankbarkeit ist wie eine Kerze im Wind erloschen.

Sein stetes undankbares Auftreten jedenfalls entfernte ihn immer mehr von seiner Familie und seinen Freunden. Sie wurden zu einer Parallelwelt, die er so gut wie gar nicht mehr betritt. Horst ist nur noch ein kompletter Mensch, wenn er berufliche Erfolge feiern kann.

Es würde maximal ein Nervengift konsumierendes, dauerhaft schlecht gelauntes, frustriertes Hörstchen übrig bleiben. Mit der Gewissheit im Hinterkopf, sich vor langer Zeit im Arbeitsether verloren zu haben.

In diesem Jahr besuchte ich ein Seminar. Ziel der Veranstaltung war es jedem Teilnehmer SEINEN Lebenssinn zu offenbaren. Zwei Tage lang lief alles auf diesen einen Moment hinaus. Der Moment, in dem Du Deinen WIRKLICHEN Sinn entdeckst. Gegen Ende der Veranstaltung wurden wir dahin gebracht unseren Lebenssinn in einen einzigen Satz zu komprimieren. Nach Beendigung des Seminars ging ich die Unterlagen immer wieder gründlich durch.

Eine Tatsache fiel mir dabei ins Auge:

Im eigens verfassten Satz kam das Berufsleben gar nicht vor! Er war ausschließlich von sozialen Thematiken geprägt. Seltsam, da ich in letzter Zeit doch beruflich sehr eingespannt war. Mein beruflicher Erfolg ist mir jedenfalls enorm wichtig.

Mich persönlich hat das oben beschriebene in jedem Falle zum Nachdenken animiert. Zwischenmenschliche

Erfolge werden von der Masse weniger gewichtet als berufliche. Das scheint die Entwicklung mit sich zu bringen, ist aber äußerst bedenklich.

Wie denkst Du? Kapital oder sozial?

Wie oft stellt Ihr Euren beruflichen Werdegang Eurem privaten gegenüber?

Seid ihr eher ein Hörstchen oder der wahre Horst? Ist der berufliche Erfolg überhaupt als solcher zu werten, wenn er einen Sozialversager hinterlässt?

Eine ganz traurige Tendenz zeichnet sich jedenfalls immer mehr ab:

Menschen, die ihr Leben lang für ihren beruflichen Erfolg alles gegeben haben, sind mit ihrem Lebenswerk nicht wirklich zufrieden. Ihr einziger Bezug zu sich selbst erlischt mit dem Eintritt ins Rentnerdasein. Bei vielen aber auch nach Feierabend, sollte das Rentenalter noch nicht erreicht sein. Eine sehr bittere Entwicklung, wie ich finde. Der Druck von außen jemand *„erfolgreiches"* zu sein, lässt die zwischenmenschliche Ebene nicht mehr zu. Der gestandene Horst von einst ist ein bemitleidenswertes Hörstchen geworden, dass sich nur noch auf ehemals erwirtschaftete Erfolge bezieht. Dazu stelle ich Euch folgende Fragen:

Doch wäre es nicht sein Recht, seinen Lebensabend oder Feierabend zu genießen und auf seine erreichten Erfolge mit stolz geschwellter Brust zurück zu blicken?

Ohne Wehmut und frei von Verlustängsten?

Mit einem Kribbeln im Bauch, ob der Dinge die nach dem Lebensabschnitt „Berufsleben" auf ihn warten?

Ist ein in Würde alternder Horst nicht viel angebrachter als ein vor sich hinvegetierendes Hörstchen?

Und nun zu Euch:

Wo seht ihr Euch?

Wie breit seid Ihr aufgestellt?

Seid Ihr noch ohne die beruflichen Erfolge wer oder erlischt Ihr stattdessen?

Zusammenfassend sollte man sich die alles entscheidende Frage stellen:

Wie breit bin ich aufgestellt?

Das Privatleben ist der Stützpfeiler des Berufslebens und beides muss zwingend in Balance gehalten werden. Sich selbst nur im Berufsleben zu verwirklichen, kann nicht der Weisheit letzter Schluss sein. Der berufliche Erfolg ist zwar wichtig und existentiell, aber das Erlöschen des Privatlebens als Folge ist inakzeptabel. Sollten wir uns irgendwann einmal persönlich kennenlernen, würde ich Dich gerne *„Horst"* nennen dürfen...

DER METALLER, DIE MEINUNG DER ANDEREN UND DU

Die Sonne scheint. Nein! Sie knallt! Es ist einfach nur herrlich. Keine Arbeit weit und breit und ein Wetterchen zum Helden zeugen. Alles ist im Fluss.

Kurzum: Es läuft!

Und das im wahrsten Sinne des Wortes. Es ist gerade mal elf Uhr mittags und Du köpfst bereits das vierte Dosenbier. Hast Du Dir auch redlich verdient! Viel zu lange hast Du schon malocht und den Buckel krumm gemacht. Doch heute ist Dir alles eins.

Erster Tag von dreien, ohne Stress, Arbeit und Termine … ein Festival!

Du wirst plötzlich dessen gewahr, wie sehr der Juhnke[35] doch Recht hatte. Seine Definition von Glück:

„Keine Termine und leicht einen sitzen…".

Ein sehr weiser Mann! Du flachst mit Deinen Freunden, simulierst mit ihnen das übliche alkoholgetränkte Hätte, Wenn und Aber, und schaust Dich in Deiner

---

[35] Harald Juhnke: deutscher Fernsehstar, Sänger, usw.

temporären Scheinwelt wohlwollend um. Rockmusik, Bier und lustige Leute. So geht Entspannung!

Langsam flaniert Ihr über das Gelände. Es werden schon mal Fressbuden ausgeguckt, wenn nach dem sechsten Bier das kleine Hüngerchen Zufuhr fordert. Das einzig Schlimme, was Dir heute noch passieren kann:

Ein amtlicher Sonnenbrand oder der Ausfall der Zapfanlage im Bühnenbereich.

So die Theorie. Rumwitzelnd schlendert Ihr umher, bis Ihr schließlich zu dem Entschluss kommt, dass alle einmal sitzen möchten und sich in den Schatten retten wollen. Gesagt, getan. Raus aus der Sonne, rauf auf die Bierzeltgarnitur. Weiter geht es im Text. Ein Witz jagt den anderen. Je flacher desto besser. Minütlich schreit einer Deiner Kollegen: *„Füße hoch! Dieser Witz kommt flach.“* Irgendwann ist der Quell des guten Geschmacks jedoch dermaßen erschöpft, dass die alten Gassenhauer wieder herhalten müssen. Über die guten alten Trabbi-Witze kommt ihr zu den Manta-Witzen und landet schließlich bei den Blondinen-Witzen. Wer das Niveau sucht:

Es ist bereits im Keller.

Nach einiger Zeit gesellt sich ein langhaariger Metaller mit Kutte zu Euch. Auch er reißt ein paar abgedroschene Kalauer und scheint mit sich und der Welt zufrieden. *„Ein schräger Vogel"*, denkst Du Dir. Er trägt nämlich unter seiner Kutte eine Art Busenattrappe. Ein typischer Festivalgag und eigentlich nichts Neuartiges. Auch heute ist es schon der Dritte, der über diesen minderlustigen Gag Aufmerksamkeit erhaschen will. Du ignorierst es auch deswegen, weil Du den Witz heute schon dreimal belachen *„musstest"* und er schlicht und ergreifend abgedroschen ist.

Doch Dein Gegenüber fordert permanent Deine Aufmerksamkeit ein, indem er mit den Zeigefingerspitzen um seine nicht vorhandenen Brustwarzen kreist, oder lasziv mit seiner Zunge über die Lippen fährt. *„So langsam wird es anstrengend"*, denkst Du bei Dir. Auch die anderen sind schon ein wenig genervt.

Doch die Ignoranz Deiner Truppe stachelt den Selbstdarsteller erst so richtig an.

Er verkündet lautstark den Wunsch nach Körpernähe. Ziel seiner Mission ist eine andere männliche, anwesende Person. In diesem Falle Du!

Ruhig, aber bestimmt entgegnest Du dem Nähe Suchenden, dass Du in keiner Weise Bedarf nach seinen Berührungen hast und es jetzt auch mal langsam gut sei. Alle hätten jetzt genug gelacht und er könne es jetzt gut sein lassen. Eine klare Ansage, die jedoch nicht ankommt.

Doch plötzlich schlug bei dem Scherzkeks die Stimmung um und folgender Dialog findet statt:

Er fragt dich: *„Bist Du ein Neonazi?"*

Du bist sichtlich irritiert. Wie kam es denn um alles in der Welt zu dieser Frage? Du antwortest nur kurz und knapp mit: *„Hä? Ich kann Dir nicht folgen."*

Erneut fliegt Dir seine Frage um die Ohren: *„Bist Du ein Neonazi?"*

Du: *„Wie jetzt? Warum?"*

Das ehemalige Scherzkeks entgegnet: *„Du hast kurze Haare und magst keine Schwulen!"*

Du hältst entgegen: *„Moment mal! Nur, weil ich auf Deine Berührungen keinen Wert lege und keine Haare trage, bin ich noch lange nicht Hitlers Helfer. Du springst mir da ein wenig zu kurz, Kollege!"*

Der langhaarige Fremde ereifert sich dies zu erwidern: *„Voll scheiße, dass auf diesem Festival*

Neonazis frei rumlaufen dürfen!" Außerdem fügt er noch hinzu*: „Und außerdem bin ich gar nicht schwul!"*

Du äußerst dich: „Dann ist ja alles geklärt! Ich bin kein Neonazi, Du bist nicht schwul und wir werden uns nicht berühren. Läuft doch!" So, dann noch Dein Resümee: „Können wir jetzt endlich in Abwesenheit des anderen wieder in Ruhe Dosenbier trinken und Spaß haben?"

Nach langem Gezeter und Rumgezicke verlässt der „Titulierte" schließlich die Situation, jedoch nicht ohne noch ein wenig zu pöbeln. Sprachlos bleiben Du und Deine Truppe zurück.

Die Stimmung ist im Gegensatz zu eben eher gedämpft.

Was war da geschehen?
Der angetrunkene Scherzbold fuhr da eine Schiene, die er nicht mehr verlassen konnte. Die des betreuten Denkens nämlich. Die Tatsache, dass ein Mann die Berührungen eines anderen ablehnte, reichten für ihn aus, ihn in eine bestimmte Ecke zu stellen:

Schublade auf  Mensch rein

Fertig ist der Lack!

So funktioniert betreutes Denken.

Von der Wiege bis zur Bahre wird in Eure Hirne geschissen, nur besitzt keiner die Güte alles einmal umzurühren.

Fertige Denkbausteine für die Aufrechterhaltung des Gewissens?
Kommt schon Leute! Es gibt nicht nur schwarz und weiß. Auch Graustufen sind durchaus existent! Borderlining ist kein Volkssport! Ihr habt das Recht auf eine eigene Meinung. Und die muss nicht mit denen Eurer Eltern, Lehrern und Volksvertretern übereinstimmen. Individuell ist das neue Innovativ. Kategorisiert Euch nicht, indem Ihr andere kategorisiert. Freiheit beginnt im Geiste.

Wer hat in der oben dargestellten Geschichte eine eingeschränkte Sicht auf die Dinge und ist voreingenommen? Wer urteilt in Schemen? Wer wurde sein Leben lang beim Denken betreut?
Die Antwort ist klar, wie Wodka und die Geschichte im Übrigen so geschehen...

Arbeit ist das halbe Leben?

Ein kleiner Rückblick:
Vor circa anderthalb Jahren meldete ich mein erstes Gewerbe an. Es war die logische Konsequenz aller Dinge. Mein Kundenstamm scharrte schon förmlich mit den Hufen und wollte von mir bearbeitet werden. Meine Vollzeitstelle als Angestellter behielt ich dennoch bei. Vorerst.

Es ließ sich gut an. Auch finanziell entspannte sich meine Lage zusehends. Der Kundenstamm wuchs kontinuierlich und in Folge dessen stieg der physische und psychische Anspruch parallel, was eine bestimmte Zeit lang auch zu händeln war. Zeit. Wer meine Texte kennt, weiß, dass ich die Zeit für eine der wichtigsten uns gegebenen Ressourcen halte. Da sie für alles und jeden unerbittlich gleich verrinnt, ist sie der Egalisator der Menschen und die geheimnisvollste Macht des Universums. Doch ausgerechnet ich versuchte mich mit ihr anzulegen. Eine ungleiche Crashralley ging an den Start.

Nämlich Panzer gegen Dreirad.

Da ich sprichwörtlich auf Zeit spielte, kam es wie es kommen musste. Mein Vollzeitjob und mein Nebengewerbe gingen immer weniger kongruent und die zeitlichen und energetischen Konflikte häuften sich. Ich stand zwischen den Stühlen.

Eine Lösung musste her und das möglichst zeitnah:

Der logische erste Schritt: Eine Einschränkung der Arbeitzeit des Angestelltenverhältnisses und eine Aufstockung der nebengewerblichen Arbeitszeit. Für mich völlig logisch und für meinen damaligen Chef nachvollziehbar. Nur gefiel mir meine Idee um Längen besser als ihm. **Kurz und bündig:** Er verneinte diesen Schritt energisch. Zielführende ergebnisorientierte Verhandlungen kamen nicht zu Stande.

Ich spielte also weiter auf Zeit und sämtliche Optionen immer und immer wieder durch. Die Essenz aus all den vor mir liegenden Fakten wollte oder konnte ich jedoch zu diesem Zeitpunkt nicht deuten. Ich schob so einiges vor mir her. Nicht nur die Kundschaft, auch die Konsequenzen meiner Vielarbeit.

Doch was geschieht mit einer Blase, die stetig künstlich aufgebläht wird?
Richtig. Sie platzt.

Das ist so sicher wie das Amen in der Kirche. Um das oben genannte Beispiel wieder aufnehmen zu wollen: Der Panzer fuhr, ohne mit der Wimper zu zucken über mein Dreirad.

Ich stand mal wieder mit meinem viel zu kurzen Hemd nackig in den Erbsen. Ohne Dreirad und ohne die Zeit auf meiner Seite. In vielen Gesprächen höre ich heute immer wieder raus, dass mein Umfeld meine nächsten Schritte schon vor mir kommen sah. Doch meine Betriebsblindheit verzögerte meine Gehversuche noch ein wenig. Doch irgendwann beschlich auch mich das Gefühl, der Veränderung eine Chance geben zu müssen. Ich sammelte alle offensichtlichen Fakten, komprimierte sie und wertete sie aus.

ERGO Kündigung der Vollzeitstelle auf Angestelltenbasis und Umstellung des Nebengewerbes auf Vollzeit.

Man kann sich keine Zeit ergaunern, leihen oder stehlen. Allein über die Festlegung von Prioritäten kann man die Ressource *„Zeit"* zu seinen Gunsten nutzen. So meine Erkenntnis aus dem Erlebten.

Vor gut einem Quartal meldete ich mein Nebengewerbe zu einem Vollzeitgewerbe um. Eine Lawine von neuen Problemen und Eindrücken brach über mich hinein. Es wurde hektisch und die Ansprüche trieben mich hier und da an meine Grenzen.

Alles braucht halt seine Zeit.

Sehr schnell wuchs ich mit den Aufgaben.

Nach dem strubbeligen ersten Monat zog ich Bilanz:

Ich hatte neben dem ganzen Papierkram einige Kunden zufriedenstellen können und trotz alledem einen ausreichenden Umsatz generiert. Entspannung stellte sich ein.

Der zweite Monat forderte mich gleichermaßen.

Aber auf Grund der Tatsache, dass die Behördengänge wegfielen, wurde ich automatisch produktiver. Was meinen Umsätzen sehr zuträglich war.

Im dritten Monat das gleiche Bild.

Es kam eine klarere Linie in den Betrieb.

Nun schlagen wir den Bogen. Der Kern dieses Kapitels ist jedenfalls nicht der, den Ihr eventuell aus der obigen Einleitung schlussfolgert.

Im Laufe der Zeit entwickelt sich ein Betrieb. Das ist vollkommen normal und unerlässlich. Betriebe sind auf Wachstum ausgelegt und die Stagnation darf nur temporären Einfluss bekommen. Temporär! Was nicht heißt, dass kleinere Verzögerungen nicht zum Arbeitsalltag gehören. Wer ohne Komplikationen sein Berufsleben bestreitet, der werfe den ersten Stein! So ergab es sich, dass ich einen Freitag zur freien Verfügung hatte. Nach einem arbeitsamen Quartal mit Sicherheit verkraftbar für einen noch so jungen Betrieb. Auch der Zeitpunkt kam mir sehr entgegen. Seit einiger Zeit gehörte es zu meinem Trott, dass ich morgens nach dem Aufstehen erst einmal meinen eigenen Heizkessel entstören musste. Ein unnötiger und zeitraubender Prozess, den es zu entfernen galt.

Ein selbstständiger Klempner, bei dem der eigene Kessel nicht läuft? Naja! Oder haderte es an der Begrifflichkeit? Bin ich ein Klempner, der seinen Kessel selbst ständig entstört?
Des Weiteren fielen im Laufe der letzten Wochen beide Waschmaschinen aus. Ebenfalls Störmeldungen. Im Wohnzimmer zog es im Übrigen wie Hechtsuppe, da die Gartentür nicht mehr richtig schloss. Eine Feineinstellung war dringend erforderlich. Zu tun war also genug.

Der besagte Freitag:

Ich blieb ein wenig länger liegen als üblich. Erst gegen acht Uhr riss mich der Wecker aus dem Schlaf. Ich raffte mich auf und begab mich ins Wohnzimmer.

Mein Vorhaben: Den Kamin in Betrieb zu nehmen. Der einzig logische Schritt, wenn man bedenkt, dass man für eine Wartung den Heizkessel außer Betrieb nimmt.

Im Anschluss erst mal ab in die Küche. Das Frühstück wartete schon darauf von mir verspeist zu werden. Mittlerweile entfaltete auch der Kamin seine Leistung und verbreitete im Erdgeschoss eine wohlige Wärme. In den darauf folgenden Minuten trug ich das für die Wartung des Kessels erforderliche Werkzeug in den Keller und entstaubte das vor Ewigkeiten bestellte Wartungsset. Knappe zwei Stunden später: Der Kessel schnurrt wie ein Kätzchen.

CHECK!

Da meine Werkzeuge schon einmal im Keller waren, widmete ich mich auch den Waschmaschinen. Auch dieses Unterfangen wurde von Erfolg gekrönt.

CHECK!

Nach Justierung der Schließmechanismen der Gartentür war es Mittagszeit. Check zum dritten! Erneut gönnte ich mir einen frisch aufgebrühten Kaffee. Da ich beim Abarbeiten der Vorgänge mal endlich wieder mit mir allein war, spielte ich einige Gedanken durch und dachte sie zu Ende. Diese Eindrücke verarbeitete ich prompt zu einem Kapitel. Warum auch nicht. Mein Büro ist im Wohnzimmer und meine Liste war abgearbeitet. Gegen Abend ließen wir im Kreise der Familie den Tag ruhig und entspannt vor dem Kamin ausklingen. Aber da war doch noch was...

Der Samstag:

Bundesliga! Ich und vier meiner Freunde besitzen eine Dauerkarte. Da unser Verein in die 2. Liga abstieg, haben wir seit einiger Zeit mit völlig irren Anstoßzeiten zu kämpfen. Aber ein richtiger Fan weiß sich halt zu helfen. Wenn um dreizehn Uhr Anstoß ist, wird halt schon um Zehn das erste Bierchen geköpft! Es war ein herrlicher Tag! Ein Wetterchen wie aus dem Bilderbuch und unsere Mannschaft gewann das Spiel am Ende deutlich. Wir feierten den Sieg ausgiebig bei etlichen Bieren. Am Abend gab es was Leckeres vom Lieferanten und wieder endete der Tag entspannt vor dem Kamin.

Der Sonntag:

Meine Freundin und ich beschlossen das erneut hervorragende Wetter zu nutzen und schnappten uns die Hunde und unsere Jüngste. Wir fuhren mit dem Auto zum nahegelegenen Waldrand, ließen es dort stehen und genossen einen ausgedehnten Waldspaziergang. Wieder zu Hause angekommen ließen wir fünfe Mal gerade sein und entspannten bei einer Serie vor dem Fernseher. Aber vorher sog ich noch ein Kapitel aus den Tasten. Eine spontane Eingebung veranlasste mich dazu.

<table><tr><td>Fazit dieses Wochen-endes</td><td>Keine stressige Arbeit, viel Spaß, großartiges Wetter und Regeneration für Geist und Seele. Aber trotzdem was geschafft.</td></tr></table>

Hört sich doch gut an, oder? „Warum erzählt der Knabe Euch das?", werdet Ihr Euch jetzt fragen.

Die Antwort will ich Euch selbstverständlich nicht vorenthalten: Das ganze Wochenende lang begleitete mich unterschwellig ein schlecht definierbares Ziehen im Nacken.

Kennt Ihr das, wenn Ihr das Gefühl entwickelt, dass Euch irgendwer nachstellt und auf die Finger starrt?
Ich fühlte mich verfolgt.

Warum? Das war die alles entscheidende Frage.
Eine Woche lang beschäftigte mich diese Thematik immens. Ich überdachte meinen Zustand und reflektierte das vergangene Wochenende.

Hätte ich nicht bedingungslos glücklich sein müssen?

Nach schier endlosen und komplexen Denkprozessen durchbrach mein Verstand die Denkbarriere. Ich hatte schlicht und ergreifend ein schlechtes Gewissen!

Wie jetzt? Das war des Rätsels Lösung?

Und jetzt erschließt sich für alle Beteiligten erneut die unglaublich wichtige Frage, die es im Folgenden zu beantworten gilt:

Warum?

Mit dem Wissen von jetzt ist diese Frage erschreckend einfach zu beantworten. Die gesellschaftlich auferlegten Denkblockaden hatten eine völlige Annahme der Situation im Keime erstickt.

Im Detail:

Ich hatte als selbstständiger drei Tage ohne produktive Arbeit verbracht und sogar das Leben genossen.

Was hat der?

Eine Frechheit! Ein Selbstständiger hat gefälligst gestresst zu sein, mehr zu arbeiten als alle anderen und kein Leben nach der Arbeit!

Wie um alles in der Welt kann dieser Terrorist auf einmal die Regeln ändern?

- Der hat, wenn er nicht gerade auswärtig arbeitet,
- Burnout gefährdet in seinem dunklen Büro zu hocken und das Sonnenlicht zu meiden.
- Ein Firmeninhaber hat mit seiner Freizeit gefälligst eine Fernbeziehung zu führen.

Und jetzt mal im Vertrauen: Ich habe an dem besagten Freitag ernsthaft mit dem Gedanken gespielt, meinen Firmenwagen umzusetzen, damit keiner auf die Idee kommt, ich sei nicht in Lohn und Brot. Was dieses ziehen im Nacken in einem Menschen auslöst, ist nicht in Worte zu fassen. Die verallgemeinerten Denkschemata tragen verdorbene Früchte:

„Du bist nur was Wert, wenn Du produktiv handelst",

liegt unterschwellig unter den gesellschaftlich anerkannten Meinungen. Und ich hatte sie für mich übernommen. Erst als ich meinen Verstand aktivierte und Ursachenforschung betrieb, erschloss sich mir ein neuer Horizont.

Leider ein wenig zu spät.

Eine Woche früher hätte ich das Wochenende in VOLLEN Zügen genießen können. Nur war ich dazu mental einfach nicht in der Lage. Die gesellschaftliche Stimme im Ohr ließ mich nicht zur Ruhe kommen.

Wer jetzt noch ein paar Fakten braucht:
Es lagen ein paar stressige und Umsatz starke Monate hinter mir. Der Stress brachte aber im positiven Sinne auch höhere Einnahmen mit sich, was natürlich entschädigt. Der Grundgedanke der Selbstständigkeit war im Ursprung:

> *„Ich möchte versuchen wieder Herr über meine Zeit zu werden und eine gesündere Balance in mein Leben bringen."*

Jetzt ist es eingetroffen und ich kann diesen Zustand nicht annehmen, weil ich die Meinung der vielen indirekt in mein Hirn gelassen habe?
Denkt mal darüber nach, wenn Ihr Eure wohlverdiente Freizeit wieder mal nicht genießen könnt, weil das Ziehen im Nacken Euch darüber nachdenken lässt, was andere über Euch denken KÖNNTEN. Das gilt auch für Angestellte. Ich für meinen Teil werde es tun und dann mit meinem Panzer einfach mal quer über das Meinungsdreirad der Masse fahren.

Niveau? Am Arsch!

Ein ganz normaler Morgen. Der Wecker schellt. Ich schäle mich aus den Laken. Danach geht es ab in die Küche, den schwarzen Muntermacher zubereiten. Ein Grummeln in der Magengrube verheißt nichts Gutes. Es wird Zeit sich seiner Altlasten zu entledigen. Mit der Kaffeetasse und dem Smartphone bewaffnet geht es Richtung Keramische (zu Hochdeutsch Toilette). Eine Reise auf dem weißen Dampfer steht an. An dieser Stelle möchte ich mit Euch ein Spiel spielen. Das da heißt: Finde den Fehler!

Und? Fehler erkannt?
Bei jedem normal sortierten Menschen müsste jedenfalls beim Lesen des obigen Abschnittes der Draht aus der Mütze geflogen sein.

Was um alles in der Welt will der Raketenforscher mit einem Smartphone auf dem Abort?
Stand jetzt stelle ich mir die Frage ebenfalls. (OK, mit dem Kaffee auf dem Pott zu sitzen, ist ebenfalls ein wenig befremdlich. Das sehe ich ein.)

Zeitreise: Ich erinnere mich als wäre es gestern. Als ich noch ein kleiner Junge war, spielte ich regelmäßig bei Freunden und Verwandten. So begab es sich, dass ich hier und da mal unter mich lassen musste. Natürlich kontrolliert und auf dem dafür vorgesehenen Objekt. Eine Tatsache fiel mir in meinen jungen Jahren ins Auge. Es war offensichtlich völlig normal auf dem WC das geschriebene Wort zu konsumieren. Auf nahezu jedem Örtchen lagen Exemplare der verschiedensten Sparten aus. Anhand der Stilrichtungen konnte man die Grundausrichtung der WC-Inhaber kategorisieren. Die einen waren eher der leichten Kost angetan und konsumierten Liebes- und Groschenromane. Andere waren dann doch lieber im Bereich der Sachbücher unterwegs.

Doch der Buchtrend wuchs sich im Laufe der Zeit heraus und die Illustrierten gewannen die Überhand. Auch hier waren sämtliche Sparten vertreten. Näh- oder Strickzeitschriften bis hin zu den wissenschaftlichen Magazinen. Und sehr hoch im Kurs lagen selbstverständlich Sport- oder Autozeitschriften. Aber auch dieses Phänomen endete mit der Einkehr des zwanzigsten Jahrhunderts in die gefliesten Sozialräume. Der Gameboy hielt Einzug in unsere Haushalte.

Von nun an begleitete die Digitalisierung unsere Stuhl-
gänge. Faszinierend, dass die Evolution uns den Segen
der bestuhlten Einsen und Nullen bescherte. War es
bis Dato doch ein analoger Prozess. Einige Jahre später
sollte dann auch noch Farbe ins Spiel kommen…

Und heute?
Das Smartphone als Verdauungshilfe:

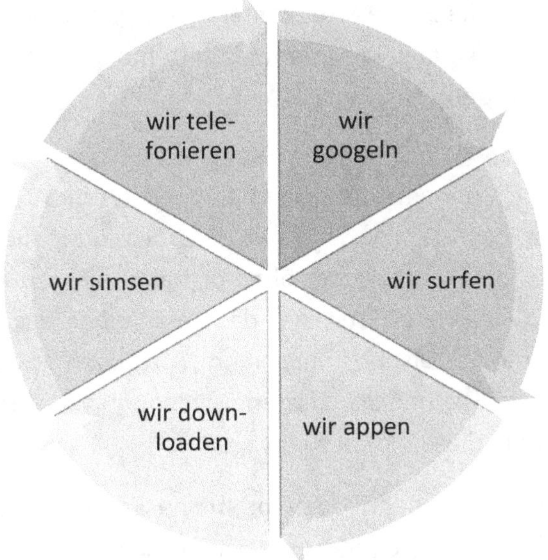

Und das alles auf dem ehemals stillen Ort. Die Informationen, die in uns hineingelangen, sind in den meisten Fällen minderwertiger als das, was wir aus uns

herausdrücken. Selbst beim natürlichsten aller Vorgänge haben wir uns vom Ursprung wegentwickelt.

Niveau?

Im wahrsten Sinne des Wortes am Arsch! Wir lassen
uns in unseren verletzlichsten Situationen orten und
beschallen, unterhalten und verdummen.

Eventuell auch filmen?

In jedem Falle ist die Frontkamera stets gen Antlitz gerichtet und kann erwiesenermaßen fremdgesteuert aktiviert werden.

Das faszinierende an diesem Kapitel:
Erst als ich ohne meinen digitalen Begleiter den Toilet-
tengang bestritt, wuchs in mir die Überlegung diesen
Prozess in Zukunft wieder ohne digitale Helfer zu voll-
ziehen. Allein die Tatsache, dass man über das Be-
schmieren des Displays mit seinen „Fottfingern" Bakte-
rien in die Ess- und Schlafräume schleppt, sollte Grund
genug sein diese Aktion zu unterbinden.

Ich hoffe doch sehr, dass Ihr meine Empörung und
meine Gedanken über dieses Thema teilt. Klar, ist es
für einige tabu, über seine Ausscheidungsrituale zu
sinnieren, aber eines sollte im Vordergrund gesehen
werden:

Mittlerweile greift die indoktrinierende
Medienwelt selbst in unsere intimsten

Privatbereiche vor. In unsere Inseln der Einsamkeit und der Ruhe.

Wie weit soll das noch gehen?

Wo sind die Grenzen?

Wer macht die Regeln?
Anscheinend Apple und Samsung. Am Ende aber bestimmen wir selbst. Mein Sinn und Trachten ist es jedenfalls demnächst wieder ungechipt mein Geschäft zu verrichten.

Also Leute:

Macht keinen Scheiß und 'nen geschmeidigen Abgang.

STIMMIGE STIMMEN

Du kehrst nach getaner Arbeit in Dein Heim zurück. Erschöpft aber dennoch mit Dir selbst im Reinen. Dein Tageswerk ist vollbracht und die Brötchen sind verdient. Doch was Du jetzt auf keinen Fall ertragen kannst, ist die Tatsache, dass irgendetwas Deine Sinne malträtiert. Weder ein dudelndes Radio noch ein flackernder Fernseher ist Dir heute recht. Du begrüßt also freundlich Deine Liebsten und begibst Dich auf dem direkten Weg in den Garten. Dort richtest Du Deine Sitzgelegenheit gen Süden aus und lässt Dich in die selbige hineinsinken. Deine Augen kämpfen gegen das Licht der gleißenden Sonne an und letztendlich kapitulierst Du vor der Helligkeit unseres Lebensspenders. Deine Lieder schließen sich.

Nun beginnst Du zu atmen. Klar, dass tust Du stetig.

Aber bist Du Dir dessen auch stetig bewusst?
Körper und Geist jedenfalls entspannen sich mit jedem Atemzug mehr und Deine Sinne beginnen sich zu schärfen. Das Rauschen der nahegelegenen Autobahn verhallt zunehmend im Winde und das Lied der Vögel scheint immer lauter zu werden. Die Sonne pumpt pures Wohlbefinden in Deine glühende, ergraute Haut.

Deine Gedanken gehen ab sofort auf Reise. Du simulierst von Höcksken zu Stöcksken, von A nach B, von oben nach unten und von schwarz zu weiß. Während Du Dich mental immer weiter aus dieser Welt entfernst, wirst Du einer Tatsache gewahr. Jemand spricht zu Dir!

Dieser jemand flüstert Dir liebevoll und mit voller Hingabe ins Ohr. Er scheint Dich bestens zu kennen und ist schon ewig Dein Vertrauter. Er will Dir nur Gutes. Selbst wenn er sich kritisch äußert, ist es nur zu Deinem Besten. Mehr und mehr generiert die Stimme Ideen. Ein Füllhorn an Horizonten ergießt sich unmittelbar in Deinen Denkapparat und flutet ihn mit Weisheiten. Der Seelenbrokat hingegen wird von der Flut mitgerissen und im Gegenzug aus den Windungen gespült. Es laufen Filme unbeschreiblichen Ausmaßes in Deinem Panorama ab. Bilder, Worte, Textfragmente. Alles im Überfluss.

„Doch wer ist diese ominöse Stimme", fragst Du Dich in diesem kurzen Moment der Stille.

Wer produziert diese klaren und fortschrittlichen Gedanken?

Warum gibt die Stimme mir Antworten, obwohl Du keine Fragen stellst?

Und warum um alles in der Welt kennt sie meine innigsten Wünsche und meine stärksten Bedürfnisse?

Du hast immer noch keinen Schimmer?

Komm schon! Du bist doch sonst nicht auf den Kopf gefallen! Ich sehe Du brauchst einen kleinen Denkanstoß…

Es ist einzig und allein DEINE innere Stimme, die in diesem Kosmos zu Dir sprach!

Kosmos kommt von Ordnung.

Ordnung im Sinne von:

„Das große Ganze ist auf natürlicher Basis durchreguliert."

Langsam beginnt sich der Nebel um das Rätsel der Stimme zu lichten. Wow! Du hast es vollbracht! Du bist einer der Wenigen. Du hast im Einklang mit Dir und der Natur mit Deinem eigentlichen Selbst kommuniziert.

Im absoluten Einklang mit Deinem Selbst öffnest Du jetzt die Augen. Einige Zeit war seit ihrer Schließung vergangen. Doch nun siehst Du ganz klar und vor allem nach vorn. So viele Erkenntnisse in so kurzer Zeit. Ideen und Projekte fordern ab sofort Deine Aufmerksamkeit. Alles macht jetzt Sinn. Alles bekommt einen Fluss.

Mit innerer Ruhe und der Gewissheit der Klarheit im Hinterkopf erhebst Du Dich von Deinem Stuhl und begibst Dich zu Deinen Liebsten in den Wohnbereich. Doch dort geschieht etwas für Dich nicht Nachvollziehbares. Mit besorgten Blicken wird Dir folgende Frage gestellt:

„Geht es Dir gut? Du saßest eine kleine Ewigkeit dort draußen und hast Dich nahezu nicht bewegt. Müssen wir uns Sorgen machen?"
In diesem Moment warst Du mindestens so irritiert wie Dein Gegenüber.

Sorgen? Warum in Dreiteufelsnamen Sorgen?
Ganz im Gegenteil! So nah wie in den letzten Minuten warst Du so gut wie noch nie bei Dir. So geht Normalität. Das ist die Essenz. Da muss der Mensch ob kurz ob lang wieder hin.

Der oben durchgeführte Miniexkurs stellt offensichtlich die Problematik der Eigenkonversation da. Wann bekommt der Durchschnittsmensch überhaupt noch die Chance auf die Unterhaltung mit dem inneren Selbst. Hier müssen wir aber auch dezidiert zwischen dem Selbst und dem Ich unterscheiden. Das Ich ist lediglich eine Zeichnung des Menschen, wie er sich selbst gerne sähe. Das Selbst ist die tiefste innere Ausrichtung und unveränderlich implementiert.

Nur was fangen wir mit diesen Erkenntnissen an?
Einiges! Die meisten Menschen sind in ihrem Ich gefangen und dringen schlicht und ergreifend nicht zu ihrem Selbst durch.

Der Grund dafür: Eigensedierung

Doch wer sich selbst nicht mehr hört und spürt, weil er in Angst vor den Konsequenzen lebt, begibt sich auf den sogenannten Holzweg.

Doch WOVOR haben wir eigentlich Angst?
Ich denke, es ist die abgrundtiefe Ehrlichkeit des Selbst, welches uns ab und an unsere Grenzen aufzeigen könnte.

Wer wird schon gerne mit seinen Verfehlungen konfrontiert?
Die innere Stimme ist das Licht auf dem eigenen Wege, wenn alles dunkel erscheint und der Fels in der Brandung, wenn Du Gefahr läufst, überflutet zu werden. Der Quell unseres inneren Friedens.

Da dieses Thema offensichtlich keine Grauzonenzugehörigkeit zulässt, müssen wir frei von Toleranz die Menschen klassifizieren. Zum einen in die Weghörer und zum anderen in die Zuhörer.

Die Weghörer:

Sie führen kein Smartphone mit sich, nein das Smartphone führt sie. Das Gerät immer in Vorhalte stolpern sie den Dateien hinterher. Einsen und Nullen bestimmen über ihr Wohlbefinden.

> Inhalt   gut,
> Laune gut.

> Inhalt   schlecht,
> Laune schlecht.

Zu stumpf, um wahr zu sein.

Die Königsklasse: Mehrfachsedierung. (Second-Screen-Generation)

Über das TV wird ein Serienformat gestreamt, das Smartphone treibt den Betäubten durch die sozialen Netzwerke und der Personalcomputer steht zu permanenten Googleorgien bereit. Eine Cola als Hirnkleber darüber gekippt, ergibt diese Mischung einen Antidenkbeton, den selbst der stärkste Gedankenstemmhammer nicht durchstoßen wird.

Der Zuhörer:

Er schafft sich Inseln der Einsamkeit und der Ruhe:

Telefon aus - kein Gedudel

Fernseher aus - kein Geflacker

Personal Computer aus

kein Gequatsche

kein Gesinge

keine lauten Clubs oder Diskotheken

einfach alles aus

D A F Ü R

Natur laut

Kamin an

Nur der Denker und sein Hirn, gemeinsam gegen die absolute zerebrale Dysfunktion[36] und die digitale Demenz.

Und ja. Der Kampf gegen die gewollte Verdummung durch das System ist ein schwerer. Täglich bittet er zum Duell. Es wird mit harten Bandagen gekämpft und glaubt mir, irgendwann geht es für uns alle um Leben und Tod.

Ich übertreibe?
Nicht im Geringsten.

---

[36] Funktionsstörung des zentralen Nervensystems

Jeder Mensch, der vorzeitig durch die Hand und Tat eines anderen das Zeitliche segnet, ist unnötig und somit der Dummheit geschuldet. Im Großen wie im Kleinen. Wir haben unsere Welt den Irren überlassen und es steht in unserer Eigenverantwortung sie wieder zurück zu erobern. Wessen Horizont diese These überschreitet, ist bereits im Club der zerebral Dysfunktionalen aufgenommen worden. Mit Dauerkarte und als Ehrenmitglied. Zu diesen Worten stehe ich ohne Kompromiss. Seid für oder gegen mich. Es ist mir vollkommen gleichgültig.

WIE LANGE GIBT ES DICH SCHON?

Als erstes ist es mir ein persönliches Anliegen in diesem Kapitel Farbe zu bekennen. Da bekanntlich jeder eine Leiche im Keller hat, werde ich meinem Kadaver jetzt eine Begrifflichkeit geben. Wäre ich der Tatsache angeklagt, dass ich ein Zahnrad im Getriebe dieses Exponentialerhaltungsgeldsystems bin, müsste ich selbst auf *„SCHULDIG"* plädieren. Mit dem Eintritt in die Selbstständigkeit begibt sich ein jeder in das vielzitierte Hamsterrad, das im Inneren bekanntlich, wie eine Karriereleiter aussieht. Im Groben könnte man die Selbstständigkeit als Ausbaulevel des Umwälzungsprozesses beschreiben, da tatsächlich die Geldmengen in höherer Fluktuation[37] an einem vorbeifließen.

Richtig.
Vorbei.

Prozentual bleibt im Gegensatz zum Angestelltenverhältnis zwar gefühlt mehr Gewinn, aber unter dem Strich wird es von der Finanzverwaltung Deutschlands über Taschenspielertricks und Irrwege in schleichenden Prozessen postwendend wieder enteignet. Wer dieses Spiel nicht beherrscht, läuft Gefahr die Selbst-

---

[37] Eine kurze oder längere Veränderung, Schwankung

ständigkeit als eine Art *„Dummensteuer"* mit seiner Existenz teuer zu bezahlen.

Wie in den oberen Zeilen offensichtlich von mir erörtert wurde, sehe ich den Zustand *„Selbstständigkeit"* im Grunde genommen kritisch und ein wenig distanziert, obwohl ich temporär in ihm verweile. Das ist mit Sicherheit auch unserer geographischen Lage geschuldet. Ich möchte behaupten, dass in keinem anderen Land so energisch Wohlstand verhindert wird wie in Deutschland. Die fast schon krankhaft kleptomanischen Auswüchse der Sozialromantiker schröpfen die Leistungsträger bis Ultimo, um die Kapitalsammelbecken für die Müßiggänger zu füllen, sodass diese sich in ihrem Phlegma baden können. Es stellt sich einzig und allein die Frage, wer taktisch besser aufgestellt ist.

Der Müßiggänger oder der Leistungsträger?

Da sich gleich und gleich bekanntlich gerne gesellen, ist die Bekanntschaft zu anderen Unternehmern die logische Konsequenz der Selbstständigkeit. Im Endeffekt eine zielführende Entwicklung, da über den dadurch entstehenden Informationsfluss alle Beteiligten wachsen können und ihr Potential dementsprechend besser entfalten. Der Austausch von wertigen Informationen gepaart mit zielführenden Glaubenssätzen ist eine erfolgsbringende Komponente.

Doch im Bereich der Thematik Glaubenssätze haben viele Unternehmer hochgradig verzerrte Ansichten. Eine Frage bekam ich in bis dato angenehmen Konversationen immer wieder gestellt.

„Wie lange gibt es dich schon?"

Was um alles in der Welt ist das für ein Satz? Eine rhetorische Frage? Ein Test?
Weit gefehlt.

Es ist die Indoktrinierung der Massen, die dem Selbstständigen eine soziale Vorrangstellung suggeriert und seine damalige Existenz abwertet.

War der aktuell Selbstständige in seinem „alten Leben" minderwertig?
Menschlich keineswegs, steuerlich jedoch definitiv.

Wer hinter der Frage: *„Wie lange gibt es dich schon"*, die Frage nach dem Geburtsdatum des Befragten erwartet hat, lag somit um Lichtjahre neben der Realität entfernt.

**„Du bist, was du umsetzt, nicht was du bist",
so der Tenor.**

Überbesteuerung ist also ein Qualitätsmerkmal für den Menschen geworden?

Macht die Überbesteuerung den Gutmenschen erst zum Bessermenschen?

Den Menschen als solches zu werten, gilt als verwerflich, es sei denn, man koppelt seinen Wert an den Umsatz?

Im Umkehrschluss sollte man als umsatzgenerierender Systemkritiker doch vor Repressalien verschont bleiben, indem man die steuerlichen Ablässe entrichtet, oder?
Doch dieses ist wohl ein eher frommer Wunsch. Die Ideologie wird in diesem Falle selbst vom Kapital schwerer gewichtet und so weit geht die „*Liebe*" dann doch nicht.

Doch wie haben wir die Menschen Hand, denen es aus irgendwelchen unerfindlichen Gründen ein Leben lang versagt bleibt, in die Selbstständigkeit überzuwechseln? Wie wär's, wenn wir sie in „permanent inexistent" kategorisieren?
Wenn man den Gedanken weiterspinnt, dass Menschen der Komplexität der Selbstständigkeit gewapp-

net sind und auf sozialer Ebene extreme Defizite aufweisen, lässt den Schluss der inneren Zerrüttung zu. Die Akzeptanz für die arbeitende Bevölkerung sollte auf ein ausgeglichenes Level in sachlicher Art und Weise etabliert werden, ohne die üblichen Teilungsmechanismen zu installieren. Wenn Du selbstständig sein solltest und Dich demnächst mit der Frage konfrontiert sehen solltest, seit wann es Dich denn gibt, antworte offen und ehrlich:

„Seit meiner Geburt!"

Willkommen in Genderup

Genderup ist eine kleine, aber feine Gemeinde im hohen Norden Deutschlands. Hier, nahe der dänischen Grenze, wuchs Gunnar Olafson auf. Gunnar ist ein Bär von einem Mann, doch herzensgut. Hoch aufgeschossen und ein buschiger Vollbart sind seine primären Erkennungsmerkmale. Die sekundären eine tiefe, brummende Stimme und ein nordischer Dialekt.

Gunnar liebt seine Gemeinde über alles. Genderup ist, war und bleibt auf ewig seine Heimat. Keine zehn Pferde würden ihn jemals hier wegbekommen. Zu viele Erinnerungen verbinden ihn mit diesem kleinen Fleckchen Erde. Als Gunnar klein war wuchs er auf einem Dreigenerationenhof auf. Stetig war er von seinen Liebsten umgeben. Alle Familienmitglieder achteten aufeinander und durchlebten miteinander alle Höhen und Tiefen des Lebens. Ihre Welt war einfach nur rund. Zu Festlichkeiten trafen sich die Olafsons mit den Bewohnern der Nachbarhöfe. Die Petersens, die Gustavsons und wie sie alle hießen, versammelten sich regelmäßig um Hochzeiten, Geburtstage oder andere Feierlichkeiten auszurichten. Ganz Genderup kannte, mochte und unterstützte sich.

Er hatte eine tolle Kindheit. Schon im Kindesalter lernte er seine heutige Gemahlin Wiebke kennen und lieben. Sie war und ist die Base von Olaf Petersen, Gunnars Busenkumpel vom Nachbarhof. Nichts und niemand konnte die Clique trennen. Ob in der Schule oder beim Osterfeuer, gemeinsam pflegten sie die örtlichen Traditionen und Gebräuche. Selbst geschäftlich waren alle Genderupper miteinander verbandelt. Und gab es was zu reparieren oder renovieren, standen sich stets alle Einwohner mit Rat und Tat zur Seite. Auch der Bürgermeister (Opa Petersen) war sich nicht zu schade ordentlich mit anzupacken. Reine Ehrensache! Als gelernter Landwirt schafft man schon ordentlich was weg.

Und so zogen die Jahre ins Land. In absoluter Ruhe und Idylle lebten, liebten, stritten und starben Generationen von Genderuppern. Das Lauteste, was die Bewohner jemals zu hören bekamen, war das allabendliche Prost aus dem Dorfkrug und die eigene Zellteilung.

Doch im Laufe der Zeit schlichen sich Veränderungen ein, die am Anfang nicht wirklich alle wahrnahmen, doch nachhaltige Konsequenzen mit sich bringen sollten.

Die Petersens bekamen allmählich finanzielle Engpässe. Der Unterhalt des Hofes zehrte dogmatisch an den Rücklagen, denn die Landwirtschaft trug sich nicht mehr wirklich. Nach einem langen Kampf gegen Windmühlen folgte schließlich die Ernüchterung. Der

Verkauf der gesamten Hofanlage war unumgänglich. Eine Modernisierung des Hofes jedenfalls hätte der gesamten Familie den finanziellen Ruin beschert. Auch die Unterstützung der Nachbarschaft konnte Schlimmeres nicht verhindern.

An Angeboten für die Immobilie mangelte es in jedem Falle nicht. Investoren gaben sich zwecks Besichtigung die Klinke in die Hand und ein Käufer war rasch gefunden. Die Petersens jedenfalls konnten sich von dem Erlös ein Reihenhaus im benachbarten Kleingleichmachingen leisten. Sie wohnen jetzt in der Einheitsgasse Ecke Grauweg am nahegelegenen Ödental. Auch Arbeit fanden die Petersens in der Arbeitnehmervermittlung. Die Seelenkauf GmbH nahm kurzerhand die ganze Familie unter Vertrag und vermittelt sie im Bereich Facility-Management.

Der Gunnar und seine Wiebke trauerten ihren langjährigen Freunden und Nachbarn nach. Mit Schrecken schauten sie jeden Abend von ihrem Gemüsegarten zum Nachbarsgrundstück rüber und harrten der Dinge, die dort kommen würden. Als erstes wurden alle Tiere aus den Ställen des ehemaligen Petersenshofes entfernt. Jetzt folgte ein Bautrupp dem anderen. In den nächsten Wochen und Monaten änderte sich die Struktur des Hofes gewaltig. Die Ställe blieben in ihren Grundrissen bestehen, doch wurden sie zu Mieteinheiten umgebaut. Der Strom an mietwilligen, zuwanderungswilligen Städtern riss partout nicht ab.

Parallel zum Bau der Wohnanlage wuchs auch das Gewerbegebiet. Die erste Immobilie, die gespenstisch schnell aus dem Boden schoss, war ein Schnellrestaurant. Offen wie unsere Genderupper nun mal sind, gaben sie dem Restaurationsbetrieb eine Chance.

Die erste Hürde:

Die Sprachbarriere. Alles, was auf der Karte angepriesen wurde, wurde nicht in der Heimatsprache kommuniziert.

Die zweite Hürde:

Die Inhaber verlangten kein Bargeld, sondern eine Plastikkarte auf der virtuelle Zahlungsmittel gespeichert waren. *„Eine irre Welt"*, dachte sich Gunnar.

Die dritte Hürde:

Was war die „Nahrung" und was die Verpackung?
Ein Rätsel, das bis heute niemand lösen konnte.

Gunnar und Wiebke beschlossen jedenfalls diesem Lokal für immer den Rücken zu kehren. Und ein vollwertiges Gewerbe mit dem Namen „M" zeugte auch nicht wirklich von geistig erweiterten Horizonten.

Was „M"? Minderwertig? Massenabfertigung?
In jedem Falle hatten die beiden Nordlichter dem Restaurant Unrecht getan, ohne es zu wissen. Sie aßen nämlich die Verpackung und nicht den Inhalt, weil sie schlicht und ergreifend appetitlicher aussah. Ein dummer Fehler.

Da Gunnar durch den Konsum des Verpackungsmaterials spontan ordentlich zugelegt hatte, brauchte er ein neues Beinkleid. Sie schlenderten ins Dorf zu dem Bekleidungsgeschäft, das ehemals seinem Vetter gehörte. Mittlerweile prangten ein großes H und ein großes M über dem Eingang.

„Das haben bestimmt der Horst und die Marie übernommen", schlussfolgerte Wiebke.

„Dann bleibt es wenigstens in der Familie," ergänzte sie.

Nichts wie rein in den frisch sanierten Modetempel. Doch im Inneren drohte schon das nächste Problem. Gunnar fand die Männerabteilung zum Verrecken nicht. Er befragte die angestellte Kalkleiste mit dem rosa Polohemdchen, wie er diese Abteilung finden könnte.

Die Antwort der Kalkleiste:

„Du befindest dich mittendrin, mein Brummbärchen!"

Wiebke sah postwendend Konkurrenz in der Kalkleiste und rettete ihre Ehe in dem sie Gunnar unter einem Vorwand aus dem Geschäft lockte. Sie versprach ihm ein Bierchen im Dorfkrug.

Auch im Dorfkrug hatte sich einiges getan. Die Umbaumaßnahmen waren aber zum Glück schon vollkommen abgeschlossen. Deswegen stand einem Bierchen auch nichts im Wege. Nach der ersten Gerstenkaltschale musste Gunnar mal kräftig austreten. Doch dann wurde es erneut kompliziert für unsere geschundene Seele. Links war wie immer das Weiberklo und rechts das für Männer.

Doch was war in der Mitte?

Eine Tür mit einem X! Gunnar kam ins Grübeln. Dann die Erleuchtung! Das X steht für gekreuzte Schwerter! Ein Sinnbild! Jetzt wurde alles klar! Es handelte sich um ein Wikingerscheißhaus! Logisch! Der Nordische Humor war schon immer sehr speziell. Als Gunnar das Wikingerklo verlies, riss ihm die Kalkleiste mit dem rosa Polohemdchen die Klinke aus der Hand. Er hatte in der Mittagspause bei „M" diniert und bekam spontanen Brechdurchfall.

Wieder an der Theke angekommen, war Wiebke in einem Gespräch mit ihrer Freundin Anne versunken. Sie betrank sich aus Frust. Ihr Kind wurde entführt! Im Krankenhaus! Aus ihrer Scheide!

Eine Rastergelockte Frau Mitte zwanzig zog ihr den Frischling im wahrsten Sinne des Wortes aus dem Geburtskanal. Mit den Worten: „Kita", entfernte sie sich hektisch aus dem Kreissaal. Nach langen Ermittlungen gelang es ihr jedoch das Neugeborene auszuforschen. Es war von einer Behörde entführt worden!

Ziel der Mission war es, Anne möglichst schnell wieder in den Arbeitsmarkt zu integrieren. Mutterschaftsurlaub ist unproduktiv und stellt den Staat vor enorme finanzielle Hürden. Und mal ganz davon abgesehen, bekommen die Babys auch gleich Schulungen und Lehrgänge. Die Rastafrau ist nämlich Pädagogin. Sie prägt unseren Nachwuchs schon früh, indem sie ihnen erzählt, wie hier der Hase läuft. Alle Themen werden flächendeckend beackert. Auch Gunnar könnte hier noch was lernen. Zum Beispiel, dass er ein Rassist ist, weil er seiner Landessprache mächtig ist, und, dass er ein Sexist ist, weil er sich auf ein Geschlecht festgelegt hat. Doch Gunnar kann das alles nicht belasten. Er amüsiert sich immer noch über die Idee mit dem Wikingerscheißhaus.

Mit drei Atü auf dem Kessel taumelten Gunnar und Wiebke schließlich nach Hause. Doch was sich ihnen dort bot, trotzte jeglicher Beschreibung. Eine Planierraupe fuhr mitten durch ihren geliebten Hof. Der Bauleiter erklärte mit Nachdruck, dass die beiden per E-Mail über die Enteignung informiert wurden. Gunnar protestierte energisch. Er kannte keinen Emil, und Folge dessen war er auch niemals bei ihm.

Doch wofür schlugen die fleißigen Arbeiter eine Schneise in den Olafsonhof?
Natürlich für eine Autobahnausfahrt! Den neuen Anwohnern vom Petersenschen Wohnkomplex war der Umweg über die Umgehungsstraße nun wirklich nicht zu zumuten. Nach mehreren Treffen mit der Bauunternehmung in Karlsruhe stellte sich jedoch raus, dass sich ein Bullshitjobber von Bauamt ein wenig verhauen hatte. Die Schneise hätte eigentlich in den Gustavsonhof geschlagen werden sollen. Ein kleiner Zahlendreher. Gunnar und Wiebke wurden vom Amt über den Zeitwert ihrer Immobilie entschädigt und mussten unterschreiben, dass auf ihrem Grundstück ein Sendemast errichtet werden darf. Von nun an wuchs roter Grünkohl in ihrem Gemüsegarten.

Der Zahn der Zeit nagte fortan auch an Genderup. Das Ehepaar Olafson gab sich am Ende doch den zehn

Pferden geschlagen und zog aus ihrem Heimatdorf
Weg.

Neue Anschrift:

*Einheitsgasse Ecke Grauweg am nahegelegenen Öden-
tal im kurz vor Kleingleichmachingen.*

Von Normen und Norma

Normen und Norma sind ein junges Pärchen Mitte zwanzig. Sie leben gemeinsam in einer Großstadt am Rhein. Aber ursprünglich kommen beide aus einem kleinen Dörfchen inmitten der Felder. Doch dort *„mussten"* sie unbedingt weg. Es lief nämlich mehrfach im Fernseher, dass es nicht gut ist auf dem Lande zu wohnen.

Warum?

Ist doch klar!

Auf dem Lande leben nur geistig Zurückgebliebene. Wer was aus sich machen möchte, kann es nur in der Stadt vollbringen. Jetzt leben Normen und Norma also in der Stadt und in einer fünfundvierzig Quadratmeter großen Wohnung. Die Wohnung kostet sie knappe neunhundertfünfzig Euro kalt. In ihrer alten Heimat Hintertupfingen belief sich die Miete auf knappe sechshundertfünfzig Euro warm. Für neunzig Quadratmeter wohlbemerkt.

Was man an dieser Stelle nicht unterschätzen darf, sind die versteckten Kosten der neuen Wohnung. Das innenliegende Bad hat, wie der Name es schon sagt, keine Fenster. Folglich fallen noch schlappe 112,95 Euro im Monat für Schimmelentferner und Duftis an. Das Stadtleben hat seinen Preis.

Da die Bürojobs von Normen und Norma nicht sonderlich gut bezahlt werden, leben sie stetig auf Sparflamme. Ihre Wohnung ist spärlich eingerichtet und enthält nur das Nötigste. Aber Not macht bekanntlich erfinderisch. Da man in der Großstadt morgens nicht ohne Pappbecher in der Hand gesichtet werden darf, hat Normen der alte Fuchs eine List angewendet. Er bestellte sich eine Stange Pappbecher im Internet und trägt jeden Morgen einen davon spazieren. Der Kaffee vom Büdchen ist aufgrund des Kostenfaktors jedenfalls keine Option. Auch bei der Kleidung hatten Normen und Norma eine tolle Idee. Da nur noch Geld für einen Satz *„Businesskleidung"* pro Nase da war, tauschen sie die Stücke einfach durch oder ziehen sie gelegentlich auf links an. Ihr fragt euch jetzt:

„Kleidung tauschen?"
Ist doch überhaupt kein Problem. Der Kleidungsstil der sogenannten männlichen Bevölkerung hat sich immer mehr feminisiert. Hochwasser in der Buchse und keine Socken in den Schläppchen, damit man den Knöchel auch besser sieht - ist mittlerweile *„Gang und Gebe"*. Dann steckt sich Normen seine Haarpracht kurzerhand zu einem Dutt hoch und fertig ist der Prototyp eines homosexuellen Holzfällers. Normens Barber heißt üb-

rigens Andro. Andro Gün mit vollem Namen. Aber das nur am Rande. Norma hat sich im Übrigen durch die völlig überteuerten Spinning-Kurse in Hosengröße 0 hineingearbeitet. Das ist auch der Grund, warum Normen ihre Hose jetzt auf Taille trägt.

Jetzt aber auf zur Arbeit! Mit den leeren Pappbechern bewaffnet, geht es in den Hausflur. Im Mehrfamilienhaus herrscht Totenstille.

Warum das so ist?

Im Gegensatz zum Lande kennt man in der Stadt seine Nachbarn nicht. Eigentlich seltsam. Wohnt man doch viel dichter an den anderen Menschen dran als auf dem weitläufigen Lande.

Auf der Straße wird jetzt von beiden die *„Stadtläuferhaltung"* eingenommen. Dazu braucht man in jedem Falle noch ein zweites unerlässliches Accessoire als Ergänzung zum vielzitierten Pappbecher:

Den sogenannten Kommunikationstöter.

Es sind kleine Knöpfe, die man mit seinem Handy verbindet und anschließend in sein Ohr steckt. Nun beginnt man Selbstgespräche. Telefonate sind ja leider nicht möglich. Es sind keine SIM-Karten in den Handys. Der Kostenpunkt Schimmelentferner lässt einen Handyvertrag nicht zu. Um die Haltung zu komplettieren, streckt man nun seinen Kaffeebecher vor sich und läuft ihm hinterher. An der Straßenbahnhaltestelle jedoch wird der Laufprozess eigenmächtig eingestellt. Man reiht sich in die Masse der anderen Becherträger ein.

In der Straßenbahn ist es ähnlich ruhig wie vorhin im Hausflur. Das ist im Übrigen nicht der Tatsache geschuldet, dass alle Nachbarn sind. Der Müdigkeitslevel aller Beteiligten ist enorm hoch. Am Vorabend wurde auf einem TV-Sender von einem Mann mit Rose in der Hand ein grenzdebiles Weibsstück angebaggert. Danach wurde in einer anderen Sendung erklärt, wie man als zukünftiges Model gefälligst zu laufen hat und wieder in einer anderen Sendung wurden schief singende Totalausfälle von einem Opa mit rosa Hemdchen beschimpft. Bei diesen enorm anspruchsvollen geistigen Anforderungen ist Schlaf praktisch unmöglich! Sei es drum. Die Blicke der Reisenden jedenfalls sind kollektiv gen Boden gerichtet. Auch die Selbstgespräche sind bei Einstieg verstummt.

Ein paar Minuten später trennen sich die Wege von Normen und Norma für ein paar Stunden. Jeder der beiden geht in sein *„Office"*. In Hintertupfingen sagt man übrigens immer noch Kontor oder Büro.

Ein totales *„No Go"*, wie Normen und Norma finden. Aber egal. Normen und Norma haben jedenfalls gaaaaanz tolle Berufe.

Normen

macht was mit Finanzen! Er erstellt die Lohnabrechnung in einer Käsefabrik.

Norma

hingegen ist in der Kaltakquise tätig. Sie zwängt anderen Menschen am Telefon nutzlose Dinge zu völlig überzogenen Preisen auf. Braucht niemand und wird dementsprechend auch katastrophal schlecht bezahlt.

Nach Feierabend treffen sich die beiden *„Bürohengste"* wie immer in ihrer beengten Kemenate. Zum Abendessen gibt es heute Fritten aus der Tonne an Schimmelbrot. Mehr ist nicht drin. Scheiß teure Bude! Danach schmeißt Norma noch mal eben eine Maschine Buntes rein. Aber Moment! Geht ja gar nicht. Es ist weder eine Waschmaschine noch sind genügend Kleidungsstücke vorhanden. Dann hängen wir die nicht vorhandene Kleidung doch einfach auf den nicht vorhandenen Balkon zum Lüften raus! Scheiß teurer Schimmelentferner.

Aber genug der schlechten Laune.

Gleich wird gefeiert! Das findet natürlich ganz edel im Café Blattgold an der Ecke statt. Der besten Adresse in der Stadt. Schön für vier Stunden auf einer Cola rumlutschen. Scheiß teure Duftis!

Aber egal.

Alle Freunde von Normen und Norma kommen nämlich auch vorbei! Das entschädigt für den Tag. Ihre Freunde sind eigentlich auch keine gebürtigen Städter. Aber dieses Detail lassen sie in ihren Erzählungen gerne außen vor. Die Scham ist zu groß. Aufgewachsen sind sie in der Realität jedenfalls in Oberflächlingen am Niederrhein.

Aber all das ist heute egal.

Unsere Feiergemeinde lässt es sich bei EINER Cola heute mal so richtig gut gehen. Im Überschwang kloppen sie ihren Gesprächspartner die üblichen Anglizismen[38] um die Ohren. Nur eine Sache hatten alle nicht bedacht. Alle Gesprächspartner sind der englischen Sprache nur bedingt mächtig, weswegen kein wirklicher Gesprächsfluss zu Stande kommen will. Die Bedeutung ihrer eigenen Worte ist ihnen völlig fremd. In gegenseitigem Einvernehmen wird beschlossen, dass man die Sache ausschweigt, um weitere Peinlichkeiten zu vermeiden. Die Cola zieht sich wie ein Kaugummi. Bevor es im Anschluss für alle nach Hause geht, wird mittels App noch kurzerhand ein Kredit aufgenommen. Der Kellner fordert die Zahlungen für die Colas ein.

---

[38] Eine Art des englischen Ausdrucks in eine nicht englische Sprache, wie z. B. Deutsch

Zu Hause angekommen machen es sich Normen und Norma noch einmal so richtig gemütlich. Bei den im Café mitgenommenen Nüsschen möchte man den Abend ausklingen lassen. Voller Vorfreude auf die allabendlichen Sendungen suchen sie die Fernbedienungen für den riesigen Flachbildschirm. Nur kann Normen sie einfach nicht finden. Könnte daran liegen, dass letzte Woche ihr Fernseher gepfändet wurde. Man steckt manchmal einfach nicht drin!

Völlig frustriert beschließen die beiden den Abend zu beenden und ins Bett zu gehen. Die Heizung jedenfalls müssen sie nicht mehr runterdrehen. Das haben ja schon die Stadtwerke über die Demontage des Zählers für sie übernommen. Doch kurz vor dem Einschlafen kommt Norma nochmal in ihre kreative Phase:

„Wir haben doch noch eine komplette Verpackungseinheit mit Pappbechern! Die werde ich morgen in der Fußgängerzone aufstellen! Bei den bärtigen Jungs, die da sonst so rumsitzen ist der Becher immer Ratzfatz voll mit Geld!"

Top Norma!

Mitgedacht hat was gebracht!

„Normen und Norma" - Backstage

Gesetz dem Falle, dass ich mit *„Normen und Norma"* jemandem auf die Füße getreten bin, bitte ich um Nachsicht. Ich sehe es aber als meinen persönlichen Auftrag, Euch verbal nachhaltig zu penetrieren, dass ein Denkprozess unumgänglich wird. Wer aber denkt, dass ich über dieses Kapitel zwischen Städtern und Dörflern einen Keil treiben möchte, der irrt gewaltig. Es geht einzig und allein um die Tatsache, dass unsere zu Recht umstrittenen Politmarionetten den genormten Städter kreieren möchten.

Noch nie drüber nachgedacht?
Dann wird es aber höchste Eisenbahn!

Immer wieder wird in Texten, Büchern oder Filmen der Eindruck erweckt, dass die Menschen vom Lande ein wenig in der Entwicklung hinken.

Wer möchte das schon?
Nur ist diese Art der Darstellung nicht korrekt. Allein durch die mediale Erschließung, der noch so entlegenen Winkel der Republik ist ein *„Zurückbleiben"* schier unmöglich geworden. Zeitungen, Fernseher oder das Internet halten die ländlich lebende Bevölkerung stetig auf dem Laufenden. Ob sie es wollen oder nicht.

Doch warum stört unsere Politgaukler das Land-
leben dermaßen?

Wenn man den Fokus auf die Primärziele der Regierung einbezieht, wird ein Schuh draus:

Umsätze generieren und Kontrolle erlangen:

Erreichbarkeit

In einem Ballungsgebiet sind die Menschen erwiesenermaßen durch die Medien besser *„erreichbar"*. Die Informationen fließen beständiger und störungsfreier. Verlässt der Stadtmensch die Haustüre wird er von blinkenden Konsumankurblern wie Werbetafeln oder Schaufensterauslagen nahezu optisch erschlagen. Auf dem Lande ist dieser Prozess nicht in dieser Intensität durchzuführen. Die Empfänger leben dafür zu gestreut.

Anonymität

Das Stadtleben ist trotz seiner Bevölkerungsdichte anonymer als das Landleben. Jeder kocht eher sein eigenes Süppchen. Auch dieses Phänomen kommt den Machthabenden sehr gelegen. Uneinigkeit schließt den Widerstand nahezu aus. Eine große, kontrollierbare (homogene) Maße ist das Ziel.

Im Gegenzug wird seit Jahrzehnten die Sippenbildung durch negative Berichterstattungen bekämpft. In Filmen oder Serien wird gern das Bild von den zurückgebliebenen, engstirnigen und unbelehrbaren Landeiern gezeichnet. Die Gründe hierfür sind offensichtlich. Große Familien mit starkem Zusammenhalt sind nicht *„durchregierbar"*. Dies birgt die Gefahr des Widerstands. Diesen gilt es zu brechen. Auch die eventuellen finanziellen Einbußen des Regierungsapparates lassen auf den Stirnen der Obrigkeiten Falten zurück. Finanzielle Einbußen durch in Großfamilien lebende Dörfler fragt Ihr nun? Ganz genau.

Beispiel: Ich bin Klempner, mein Vetter ist Dachdecker und mein Schwager ist Maurer. Ich wechsle meinem Vetter den Heizkessel und tausche meinem Schwager seine alten Armaturen aus.

Im Gegenzug verschiefert mein Vetter meinen Kamin und mein Schwager mauert mir eine Hundehütte. Das bedeutet etliche von der Umsatzsteuer enthobene Leistungsstunden. Umsatzfeindliche Leistungen könnte man es nennen.

Unversteuerte Arbeiten in einem Land, in dem man gezwungen wird einen PERSONALausweis mit sich zu führen?

Aber ohne die Macht!

Es bleibt wie so oft ein fader Beigeschmack und die Erkenntnis, dass man bei allem hinter die Fassade blicken muss.

≈ *Der fade Beigeschmack:*

Man muss in der heutigen Zeit alles und jeden hinterfragen.

≈ *Eine weitere Erkenntnis:*

Das herrsche und teile - Prinzip ist auf geographischer Ebene gut anwendbar und treibt Keile zwischen uns und unseren Mitmenschen.

≈ *Eine kleine Denkformel, die mir seit Jahren enorme Erkenntnisse bietet:*

Man nehme einen x-beliebigen Zustand. Nun hinterfrage wer aus diesem Zustand einen Vorteil zieht und wer daran verdienen könnte. Nun klaren die Verhältnisse auf und über diesen Prozess gelangt Ihr zu ungeahnten Ergebnissen. Über diese Methode gelang ich zum Beispiel an die oben verarbeiteten Denkergebnisse. Denkt um und vor allem quer!

Probiert es aus, Ihr werdet es nicht bereuen!

BLOCK 5: GESUNDHEITSTEIL

- Der „Dunning-Kruger-Effekt"
- Das Lemmingsyndrom
- Wie die Herrin so's G'scher! Ein psychologischer Exkurs
- Das geht ja mal viral
- Das geht ja mal viral – Nachtrag 03. 07. 2020

Der „Dunning-Kruger-Effekt"

Im Jahre 1999 veröffentlichten die Herren David Dunning und Justin Kruger den populärwissenschaftlichen Begriff *„Dunning-Kruger-Effekt"*. Sie wiesen nach, dass die Unwissenheit als solche oft das Selbstvertrauen stärkt. Das Wissen hingegen NICHT! Im Volksmund könnte man diesen Effekt schlussendlich als Klugscheißersyndrom bezeichnen. Vollkommene Selbstsicherheit in Abwesenheit von Allgemeinbildung zeichnet die Betroffenen also aus. Wer jetzt sein Umfeld mental neu erschließt, wird mit diesem Wissen arbeiten können.

Mal unter uns Pastorentöchtern. Wie oft denkt man sich im Stillen: *„Sein Gerede kann der doch jetzt selber nicht für voll nehmen,"* oder *„Ist doch jetzt nicht sein Ernst!"* Mit hoher Wahrscheinlichkeit leidet Euer Gegenüber unter dem oben genannten Klugscheißersyndrom. Dabei handelt es sich in diesen speziellen Fällen mehr um eine gefühlte Wahrheit als um fundiertes Wissen. Seelig sind die Armen im Geiste, denn sie wissen nicht was sie tun.

Eine spontane Idee:
Um dem *„Dunning-Kruger-Effekt"* eine treffendere Begrifflichkeit zu verleihen, sollte man ihn in das *„Bun-*

destagssyndrom" umbenennen. Somit stünde die Begrifflichkeit mit der Krankheit syntaktisch im Einklang und weitere Erklärungen wären somit hinfällig.

"Nur der Wissende weiß, was er nicht weiß."

Die Wissenden hingegen stellen ihr Licht gerne unter den Scheffel. Mit steigendem Bildungsgrad geht nämlich die Erkenntnis einher, was man eben alles NICHT weiß.

"Was wir wissen, ist ein Tropfen, was wir nicht wissen, ein Ozean."[39]

Ich persönlich sehe den *"Dunning-Kruger-Effekt"* als evolutionär bedingte Volkskrankheit an. Jeder hat in der heutigen Zeit sein Wissen in der Tasche. Kurzerhand das Smartphone gezückt und jeder Grenzdebile wird zum Raketenforscher. Im Kern unwissend und nicht im Ansatz verstehend, was man von sich gibt, kann ein jeder den Oberlehrer mimen. Texte werden kurz überflogen, nicht auf Quellen überprüft und in den temporären Speicher aufgenommen. Nach der Absonderung findet ein automatischer Löschvorgang statt und es wird postwendend wieder Platz für das folgende gefährliche Halbwissen geschaffen. Eine äußerst unkomfortable Situation, die sich in diesen Sze-

---

[39] Sir Isaac Newton

narien für alle Beteiligten auftut. Konflikte sind zwischen den mental ungleich aufgestellten vorprogrammiert.

„Der Wissende redet nicht.
Der Redende weiß nicht.“[40]

Auch dieses Zitat passt wie die buchstäbliche Faust aufs Auge. Und wieder diese Parallelen zur Politik…

 Doch Gefahr ist im Verzug!

Da die Klügeren dazu neigen nachzugeben, werden sie von den Dummen regiert. Ein Widerspruch an sich, aber leider aktuell ein Fakt. Da wir den Dummen unsere Welt überlassen haben, stehen wir von nun an in der Pflicht, diesen Missstand zu korrigieren.

 Aus diesem Grunde fordere ich jeden von Euch zur Eigeninitiative auf.

Von nun an unterliegt Ihr einem Bildungsauftrag. Ziel der Mission ist es, das direkte Umfeld gewollt oder ungewollt mit Wissen zu beliefern:

- Verschenkt Bücher,
- teilt Links und

---

[40] Laotse

-	stimuliert Euer Umfeld zum Nachdenken.

Der Grundsatz „*Unwissenheit schützt vor Strafe nicht*" sollte nicht nur in Eure Lebensphilosophie übergehen, vielmehr sollte er auch als Banner am Rednerpult des Bundestags permanent zu sehen sein. Hochmut kommt vor dem Fall, meine Damen und Herren.

> **„Wenn jemand inkompetent ist, dann kann er nicht wissen, dass er inkompetent ist."[41]**

Diese These von David Dunning kann und darf trotz alledem keine Ausrede für die jüngsten Verfehlungen der Menschheit sein. Jedes Individuum trägt die schwere Last der Eigenverantwortung auf seinen Schultern. Wer nicht durchgehend damit beschäftigt ist gegen das gefährliche Halbwissen anzukämpfen, macht sich der unterlassenen Selbsthilfeleistung schuldig. Geistiger Suizid erfüllt den Tatbestand einer Straftat. Die Folgen der Ignorierung dessen zeigt der aktuelle Zustand der uns bekannten Welt.

> **„Zwei Dinge sind unendlich, das Universum und die menschliche Dummheit, aber bei dem Universum bin ich mir noch nicht ganz sicher."[42]**

---

[41] David Dunning,
[42] Albert Einstein

DAS LEMMINGSYNDROM

Die einen führen, die anderen folgen. Diese Tatsache zieht sich wie ein roter Faden durch die Geschichte. Nur sind diese Rollen nominell sehr ungleich verteilt. Die wenigsten führen, die meisten folgen, wäre wohl die zutreffendere These. Ähnlich monoton wie die Geschichtsbücher stellt sich die Gegenwart dar. Das eine Prozent befiehlt den Suizid und die Masse stürzt sich von den Klippen.

Seien es inszenierte Kriege, Modetrends, Werbebotschaften oder gar Gesetze.

Der Ottonormallemming tanzt nach der Pfeife der Macht.

Nichts hinterfragend geht es heute Richtung Abgrund und morgen den entscheidenden Schritt weiter.

Die Standardwerkzeuge zur Kontrolle der Lemminge sind in der Theorie leicht zu durchschauen. In der Praxis jedoch scheitern die meisten an ihren handelsüblichen Denkblockaden:

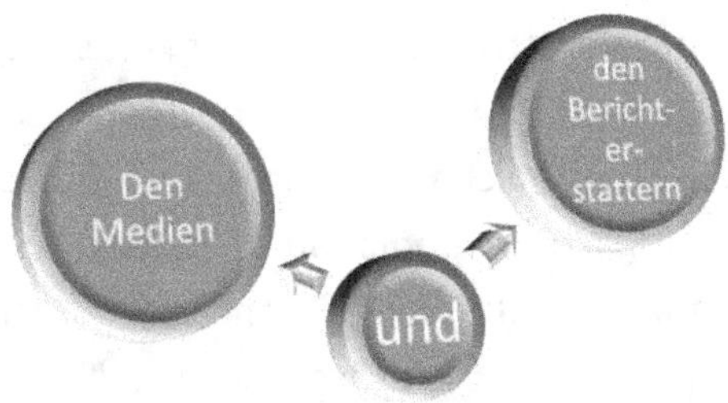

Das zielführendste Werkzeug für die Diffamierung des Lemmings ist die gemeine Nazikeule. Jeder, der auch nur den Hauch einer Kritik an dem bestehenden System äußert, bekommt eins übergebraten. Schonungslos.

Die Nazikeule:
Nichts ist in den Medien seit Jahrzehnten so präsent wie der Nazi.

Warum eigentlich Nazi und nicht Naso?
Ein anderes Thema, denke ich...

Der Nazi also ist allgegenwärtig. Hinter jeder Ecke lauert er. Der oberlippenbärtige, uniformierte Vergaser. Immer wieder wird aus dem Nichts ein völlig zusammenhangsloser Bericht gezaubert, der über die Zahl der aktuellen rechten Straftaten informiert. Allerneueste Geschehnisse hingegen werden für diese anhaltlosen Zahlen vernachlässigt.

Als Pedant zum Verschwörungstheoretiker ist der Nazitheoretiker gezüchtet worden. Liedertexte, Schriften und sogar Werbebotschaften von Lebensmittelmärkten werden täglich paranoid auf versteckte Zeichen aus der braunen Unterwelt durchforstet. Gefunden werden die irrwitzigsten „Zusammenhänge".

Mein Vorschlag:

Die Nazifarben Schwarz, Weiß, Rot und Braun einfach verbieten. Und es ist unrecht, wenn ein älterer, braunlackierter Volkswagen statt einer Einspritzanlage mit einem Vergaser betrieben wird?

Ihr erkennt die Zusammenhänge? Nicht?
Ganz klar. Es gibt keine. Alles völliger Mumpitz.

Doch Spaß beiseite:

Begrifflichkeiten wie „Autobahn" und „Mutter" sollten vor circa zehn Jahren dazu dienen eine ehemalige Nachrichtensprecherin mundtot zu machen. Dies war nicht nur die „Geburtsstunde" der Lügenpresse, sondern der Versuch des Systems, jeden Kritiker pauschal im Keime zu ersticken. Zeitweise ging der Plan sogar auf. Doch dann kam die Wahrheit ans Tageslicht und die ungezielten Schnellschüsse gingen wie so oft nach hinten los. Abgrundtief braune Löcher werden vom

System zurechtgeframed und zusammengewordet und der willenlose Lemming stürzt sich nichts hinterfragend hinein. Ein höchst bedenklicher Prozess.

Tugenden wie **Ehrlichkeit** und **Pünktlichkeit** bekommen mittlerweile auch gerne mal einen braunen Anstrich, wenn es der Situation dienlich ist. Hier stellt sich die Schizophrenie des Ganzen einmal mehr in das Schaufenster.

Soll ich allen Ernstes zu spät zur Arbeit kommen und dann noch eine nicht wahrheitsgetreue Ausrede vorschieben, um damit das erforderliche exponentielle Wachstum der Wirtschaft schmälern?

Hier beißt sich offensichtlich die Katze selbst in den Schwanz und legt die Verzweiflung der Nazitheoretiker offen. 

Da sich die Nazikeule in den letzten Jahrzehnten doch arg abgenutzt hat, steht der Islamtheoretiker schon parat. Jeder Migrant der Vollbart trägt und nicht permanent Bibelzitate um sich wirft, wird zum potenziellen Terrorristen *„befördert"*. So stumpf dieses System auch anmutet, so reibungslos wird es die Masse immer wieder in das Gedankengut aufnehmen.

„Sage Menschen etwas lang genug, oft genug, intensiv genug, mit genügend Überzeugungskraft und früher oder später werden sie es glauben."[43]

Bezeichnend, dass gerade der selbsternannte Erzfeind des aktuellen Systems die Inspiration desselbigen zu sein scheint. In den Führungsriegen scheint Schizophrenie nicht prognostiziert aber zelebriert zu werden. Wir sagen jetzt mal alle lang genug, oft genug, intensiv genug, mit genügend Überzeugungskraft: *„Wir schaffen das!"* Die Geschichte wiederholt sich und der Ton macht die Musik. Wer weiterhin gewillt, ist diese Art der Hexenjagd durch Mittäterschaft zu sponsern, sollte sich über Folgendes im Klaren sein:

„Es ist kein Zeichen geistiger Gesundheit, gut angepasst in einer zutiefst kranken Gesellschaft zu sein."[44]

---

43 Adolf Hitler
44 Jiddu Krishnamurti

Wie die Herrin so's G'scher! Ein psychologischer Exkurs

Angela Merkel befindet sich nicht erst seit 2015 im freien Fall. Die, ehemals von den Medien zur Kanzlerin der Herzen, gekürte Person ist seit Jahren nicht einmal mehr ein Schatten ihrer selbst. Offensichtlich erleidet sie tiefen psychischen Druck und hat dadurch nicht nur den Bezug zur Realität, sondern auch ihre innere Mitte verloren.

Die Tatsache, dass Menschen ihre inneren Konflikte dauerhaft nicht nach Außen verbergen können, sollte auch Menschen ohne psychologische Grundkenntnisse geläufig sein.

Oft entladen sich psychisch überlaufende Fässer in Form von

Ticks, Störungen
oder Verhaltensauffälligkeiten,

die nicht selten zu völlig irrationalen Handlungen führen.

Die Verhaltensauffälligkeiten der A. D. Merkel in nicht chronologischer Reihenfolge:

Frau Merkel ist ein Widerspruch in sich. Alles wofür sie vor einigen Jahren politisch noch stand, ist mittlerweile wie weggewischt.

Nahezu täglich widerspricht sie Ihren ehemaligen Idealen und Werten und entwertet sie, indem sie dem absoluten Gegenteil verfällt. Grauzonen scheinen in ihrem Denken nicht mehr zu existieren und ihre Persönlichkeit scheint nahezu gespalten. Anders sind die völlig irrationalen und zum Teil auch beängstigenden Entscheidungen nicht zu erklären.

Immer wieder tauchen Bilder auf, auf denen sie fast geistesabwesend ihre **Fingernägel** in der Öffentlichkeit zerkaut. Auslöser für die Krankheit Onychophagie sind in vielen Fällen, wie bereits oben erwähnt, ungelöste innere Konflikte, Depressionen oder Phobien. Allesamt Symptome, die einem Staatsoberhaupt nicht gerecht werden und enorme Zweifel an der Arbeitsfähigkeit hinterlassen.

Die heftigen **Zitteranfälle** der Kanzlerin hingegen lassen einen enormen Spielraum für Spekulationen zu.

---

[45] Kauen an den Fingernägeln

Einige ziehen einen orthostatischen Tremor[46] in Betracht, einige spekulieren auf Parkinson oder Entzugserscheinungen, andere wiederum gehen so weit, Frau M. eine Teilnahme an einem MK-Ultra-Programm zu unterstellen, welches die offensichtliche Fremdsteuerung ihrer Person erklären würde. Wenn wir Frau Merkel irgendwann mit Mickey-Mouse-Ohren im Bundestag sitzen sehen, haben wir Gewissheit. Insider wissen was gemeint ist...

Das pikante Detail, dass die Zitteranfälle regelmäßig beim Anblick der deutschen Nationalflagge und unter Beschallung der dazugehörigen Hymne auftreten, stimmen einen eher nachdenklich.

Was um alles in der Welt stößt Frau Merkel dermaßen ab? Die Nation? Das Land? Das Volk? Wie kann es sein, dass die führende Person eines Landes körperlich auf dasselbige reagiert?
Aber der Großteil des Volkes scheint sich weder diese Fragen zu stellen, geschweige denn, ihnen eine Bedeutung einzuräumen. Die Verdrängungsmechanismen, der schon länger hier Lebenden wären für Freud eine Großbaustelle und Wind auf die Mühlen der Forschung. Gesetz dem Falle die Wissenschaft hätte für diese Phänomene Kapazitäten frei.

---

[46] Ein hochfrequentiertes Zittern

In „*starken*" Momenten entwickelt Frau Merkel einen großen Hang zum Narzissmus, wie es eigentlich jeder Elitepolitiker praktiziert.

Narzissmus laut Wikipedia:

„Der Ausdruck Narzissmus steht alltagspsychologisch und umgangssprachlich im weitesten Sinne für die Selbstverliebtheit und Selbstbewunderung eines Menschen, der sich für wichtiger und wertvoller einschätzt, als urteilende Beobachter ihn charakterisieren. In der Umgangssprache wird eine stark auf sich selbst bezogene Person, welche anderen Menschen geringere Beachtung als sich selbst schenkt, als Narzisst bezeichnet. Ein derartiger Gebrauch des Wortes „Narzissmus" schließt meist ein negatives moralisches Werturteil über die betreffende Person ein."

Die unbarmherzigen Entscheidungen gegen das eigene Volk haben jetzt schon des Öfteren zu Vergewaltigungen, Todesopfern und/oder Armut geführt. Es ist kein Ende in Sicht.

Der krankhafte Schuldkult, der dem deutschen Volke vor Jahrzehnten auferlegt wurde, begünstigt den Aufstieg verhaltensauffälliger Führer.

Ein explosives Gemisch aus Störungen und Verfehlungen, welches droht, sich zeitnah in noch ausufernder Gewalt zu entladen. Durch aufklärende Arbeit und Lösungsansätze gilt es dieses zu verhindern. Die Bücher und Vorträge des renommierten Psychiaters/Psychoanalytikers Hans Joachim Maaz könnten in diesem Falle der Lösungsfindung aktiv beitragen.

DAS GEHT JA MAL VIRAL...

Es ist angerichtet, meine Damen und Herren! Nach

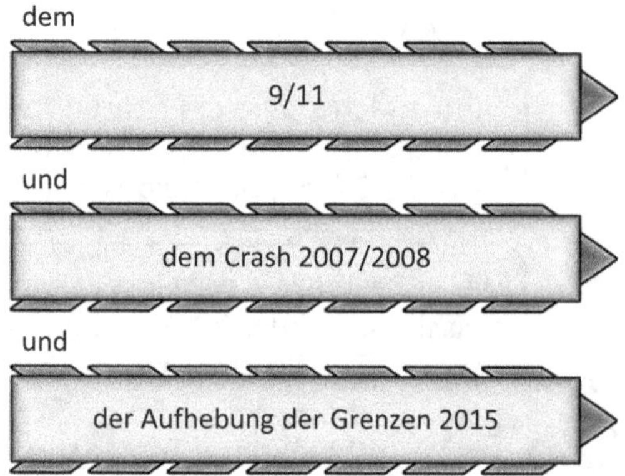

geht es nun in die finale Runde. Das nächste Großereignis steht in Form eines viralen Infekts ins Haus.

Und diese Maßnahme verfehlt ihre Zwecke nicht.

Die kopflosen Hühnervölker irren panisch umher und stoßen jegliche Art des klaren Gedankens vollends ab. Politik und Medien sind stets bemüht alles und jeden in Aufruhr zu versetzen und stiften Panik, so gut wie irgend möglich. Es werden dieses Mal wirklich alle Register gezogen und mal unter uns:

Ich habe größten Respekt vor dieser Inszenierung!

Wer logistisch und medial eine Pandemie dermaßen überstilisiert und vermarktet, hat sich redlich ein Fleißbienchen verdient. Stand jetzt (17. 03. 2020) sind angeblich 12 Menschen dem Virus erlegen. Lassen wir mal so im Raum stehen.

In Deutschland sterben täglich:

- ca. 300 Menschen an den Folgen des Passivrauchens,
- ca. 203 Menschen durch Alkoholmissbrauch,
- in der aktuellen Grippesaison verstarben laut Robert-Koch-Institut 247 Infizierte an einer gewöhnlichen Influenza.

Weitere Statistiken erspare ich an dieser Stelle allen Beteiligten.

Doch warum muss die Welt jetzt vor dem übermächtigen Coronavirus kapitulieren?
Stellen wir uns als erstes die richtigen Fragen:

Was bietet das Virus den üblichen Verdächtigen?
Das das Virus und seine verschiedenen Stämme schon mit Patenten belegt wurden, dürfte mittlerweile ein alter Hut sein:

2019

gab es Notfall und Krisenübungen (Event 201).

1980

baute Dean Koontz in einem Roman das Virus als pandemischen Killer ein. Wir reden hier also von einem alten Bekannten.

Bill Gates Foundation

Diese hat es sich zur Aufgabe gemacht, ein Heilmittel zu generieren. Aus Nächstenliebe ist dieses Projekt mit Sicherheit nicht entstanden, passt es doch allzu gut zur beständigen Tatsache, dass die Reichen immer reicher werden. Hier tut sich ein Milliardengeschäft auf. Laut Pressemitteilungen sind die leistungsfähigsten Rechner der Welt rund um die Uhr auf Lösungssuche.

Was produziert dieser Herr Gates nochmal hauptberuflich?
Ich könnte es so sagen...

Auch sind die Pharmakonzerne wieder als mögliche Heilsbringer und Retter impliziert und verwässern so ihren Ruf als Kapitalsammelbecken mit mafioser Struktur.

Correctiv[47] ist sehr daran gelegen, das beständige Ge-
rücht zu widerlegen, dass Bill Gates Inhaber der
Coronapatente sei. Aus Erfahrung wissen wir, dass
Correctiv nur einschreitet, um das Narrativ zu bestär-
ken - Gesetz dem Falle es käme ins Wanken. Je beständiger die Thesen, desto aggressiver die gegenteili-
gen Bestärkungen.

BEWERTUNG: GRÖSSTENTEILS FALSCH

Nein, Bill Gates hat kein Patent auf das neue Coronavirus oder den Ausbruch mit 65 Millionen Toten vorher-
gesagt.

So die offizielle Schlagzeile von Correctiv.

Ein „*bisschen richtig*" wäre des Wordings wohl zu viel
des Guten gewesen. Doch am 18. 10. 2019 fand eine
Übung Namens „*Event201*" statt. Ausrichter waren die
John Hopkins University in Zusammenarbeit mit dem
World Economic Forum und der Bill and Melinda Gates
Foundation. Zu den finanziellen Unterstützern zählt
das Open Philanthropy Project. Die Zahl der Toten be-
trug in der Simulation 65 Millionen.

---

[47] Recherchezentrum (Sitz in Essen und Berlin)

Wer war noch gleich unter den Ausrichtern? Die Zufälle häufen sich.

Gibt es Verbindungen zur Politik?

Am Samstag, den 07. September 2019 hielt Angela Merkel eine Rede an der Huazhong University of Science and Technology. Eindringlich erklärte sie den anwesenden Studenten wie die neue globalisierte Ordnung auszusehen hat. Aber alles vermutlich ein Zufall, ähnlich der Tatsache, dass Bundeskanzlerin Angela Merkel den neuen Webasto Standort im chinesischen Wuhan eröffnete. Ebenfalls am 07. 09. 2019. Wuhan gilt übrigens im Allgemeinen als Epizentrum des Virenbebens. Ein weiterer bemerkenswerter Zufall ist die Tatsache, dass am 27. 01. 2020 die ersten Coronainfektionen in Deutschland im Hauptsitz der Firma Webasto festgestellt wurden.

Was wollen uns diese Zufälle nur sagen?

Was könnte aus den Ereignissen während der Pandemie resultieren?

Seit jeher wird unsere Welt in drei Wirtschaftsblöcke unterteilt. Die sogenannten Märkte.

AMERIKA

Der erste Block der neuen Ordnung wurde bereits vor etlichen Jahrzehnten fertiggestellt. Hier läuft alles im Sinne der neuen Ordnung. Den Effekt sieht selbst ein Blinder mit Krückstock. Die Hochfinanz behält sich seine *„Rechte"* gegenüber dem Rest der Welt vor und setzt diese auch gerne mit Gewalt durch.

1. Block

VEREINIGTEN STAATEN EUROPAS

Ein zentralistisch, regierendes Organ bestimmt hier die Geschicke in bester diktatorischer Manier. Die Grundstrukturen des dritten Reiches sind unschwer zu erkennen. Die Grundidee eines Reiches steht im schizophrenen Kontext zur Ersetzungsmigration, spielt aber der *„Ordnung durch Chaos"*-Systematik in die Karten.

2. Block

<table>
<tr><td rowspan="2">3. Block</td><td>A S I E N</td></tr>
<tr><td>Den dritten Block mit der Fertigstellung des zweiten Blocks einzuläuten, ist alles in allem ein nahezu genialer Schachzug. Es geht voran!</td></tr>
</table>

Absolute Kontrolle durch eine Pandemie? Wie funktioniert das?
Wie immer über die Angst.

Nach 9/11 waren so gut wie alle Amerikaner bereit ihren letzten Funken Freiheit für den *„Kampf gegen den Terrorismus"* ad acta zu legen. Der totalen Überwachung in nahezu allen Lebensbereichen wurde im Namen der Sicherheit zugestimmt. Kriege gegen den vermeintlichen Feind wurden geradezu frenetisch bejubelt, die Moral in ideologischen Denkgefängnissen eingekerkert. Doch stetige Kriege vom Zaune zu brechen, könnte bei hemmungsloser Eskalation dauerhaft nicht ohne nachfragen von Statten gehen.

Ist eine ausufernde Pandemie als Kontergewicht da nicht ein wenig subtiler?
Vor allem der systemische Feinschliff könnte vorgenommen werden.

Dies könnte zeitnah ohne Kriegsbeteiligung resettet werden. Die Exponentialfunktion ist die Achillesferse der Geldmengenpolitik. Anfangs schleicht die Funktion auf fast horizontaler Ebene vor sich her. Doch im weiteren Verlauf steigt die Kurve des erforderlichen Konsums, wie oben bemerkt, exponentiell an und fordert ein unmögliches Konsumverhalten der Gesellschaft. Um Konsum wieder zu ermöglichen, müsste das Alte erst beseitigt und zerstört werden. Ein Neustart nach weltweiter Pandemie und dem daraus resultierenden Finanzcrash scheint somit logisch.

Bereich: Änderung des Impfverhaltens

Die Europäer sind traditionell eher verhalten, wenn es um das Impfverhalten geht. Nach überstandener Pandemie können sich selbst die überzeugtesten Impfmuffel kein Gegenargument mehr leisten. Das Impfgeschäft wird so zu einer regelrechten Umsatzmaschine.

Kleiner Wehrmutstropfen:
Bei Einführung der Impfpflicht wird die Erkenntnis der für den Menschen schädlichen Inhaltsstoffe bekannt werden, wie zum Beispiel:

- o   Quecksilber,
- o   krebserzeugende Substanzen und

o   Aluminium sind inklusive.

Da scheint der eigentliche Erreger schon fast harmlos, wenn man bedenkt, dass hier nur drei der schädlichen Substanzen aufgeführt werden.

Auch bei den elektronischen Zahlungsmitteln sind, bis auf Skandinavien, die Europäer noch nicht ganz bei den Eliten. Die Bezahlung durch Scheingeld läuft der Hochfinanz zu anonym ab und ist ihr somit ein Dorn im Auge. Konsumverhalten, Gepflogenheiten und Vorlieben sind elektronisch genauer zu eruieren und zeichnen die Kundschaft gläsern.

Den Bogen zur aktuellen Situation schlagen wir folgendermaßen: Vermehrt werden Schilder aufgestellt mit der Aufschrift:

Oder auch ähnlichen Formulierungen. Der Geldschein als Überträger ist als Risikofaktor ausgemacht.

Warum nach der Generalprobe nicht zur dauerhaften bargeldlosen Zahlungsweise wechseln, die auch unversteuerte Arbeitsgänge in Zukunft nicht mehr zulässt?

Umsiedlung unter dem Radar der Öffentlichkeit?
War die sogenannte Flüchtlingskrise vor kurzem noch das langwierige Thema Nummer eins, so lockt die Tatsache, dass die nächste Welle ins Rollen gekommen ist niemanden mehr hinter dem Ofen hervor. Die Hamsterkäufe verbrauchen sämtliche zeitliche Ressourcen und lassen keine Zeit für zielführende Gedankengänge.

Doch birgt eine ansteigende Zahl von Menschen an einem Standort nicht etwa die Gefahr der erhöhten Kontamination?
Vermutlich ja. Wird aber komplett außer Betracht gelassen. Ein Luxusproblem für alle Internationalisten.

Die Einführung der fünften Mobilfunkgeneration steht unter keinem guten Stern. Selbst die Mainstreammedien berichten mittlerweile kritisch über 5 G. Und das vollkommen zu Recht! Seinen Schädel 24 Stunden am Tag in die Mikrowelle zu halten und auf ein Leben in geistiger und körperlicher Unversehrtheit zu hoffen, stehen logischer Weise nicht im Einklang. Doch uns wird der Tod auf Raten als virtueller Heilsbringer propagiert und die Generation diesseits des virtuellen Grabens sehnt ihrem Hirntod entgegen. Doch die aktuellen Anlässe bringen auch dieses Projekt ein Stück weit auf Kurs. Die Telekom jedenfalls ist sehr darauf bedacht die Bundesregierung mit Daten über die Bevölkerung zu versorgen. Doch dies dient natürlich einem höheren Zwecke und ist ethisch vollkommen vertretbar.

So dient die Auswertung der Daten lediglich der Überprüfung, ob der Michel auch brav zu Hause sitzt und das Virus in den eigenen 4 Wänden Einhalt gebietet.

Aber da Großkonzerne in den seltensten Fällen finanzielle Ziele verfolgen und die Bundesregierung immensen Wert auf Datenschutz im Sinne des Verbrauchers setzt, unterstellen wir natürlich niemandem die Ersuchung eines übergeordneten Vorteils.

Doch die im vorigen Abschnitt genannten Begebenheiten hätten durchaus demnächst Potential für ausgedehnte politische Konflikte.

Doch es wurden mehrere Fliegen mit einer Klappe geschlagen:

- o Zum einem wurde medial links ange-
  täuscht und rechts vorbeigezogen,
- o zum anderen die eventuellen Proteste der
  schon länger hier Lebenden im Keime erstickt.

Das Versammlungsverbot auf Grunde der Anste-
ckungsgefahr verhindert im selben Zuge die Möglich-
keit der Proteste durch aufgebrachte Massen. So wird
der Migrationspakt widerstandslos durchgewunken.
Eine logistische Meisterleistung der europäischen Des-
poten.

Getreu der hegelschen Dialektik im Sinne von

Problem-Reaktion-Lösung

wird sich vermutlich auch bei der Coronapandemie der
Feuerwehrmann als Brandstifter entpuppen. Wer die
aktuellen Umstände hinterfragt, wird (man kann es
schon nicht mehr hören) mit dem Totschlagsargument
„Verschwörungstheoretiker" bombardiert. Doch die
Theorien der sogenannten Qualitätsmedien schlagen
dem Fass den Boden aus und verhöhnen den Intellekt

eines jeden. Die wohl im Allgemeinen beliebteste „Nicht-Verschwörungs-Theorie":

Eine Reinigungsfachkraft soll doch tatsächlich einen mit Corona konterminierten Versuchsfisch aus einem der bestbewachten Hochsicherheitslabore der Welt entführt und auf dem Fischmarkt in Wuhan entgeltlich veräußert haben.

Gegen diesen unsinnigen Plot scheint selbst der deutsche Tatort hochwertigere Unterhaltung zu bieten.

So hanebüchen und lächerlich soll das angeblich kommende Ende der Welt, wie wir sie kennen, erklärt werden?

Ein wenig mehr Fantasie hätte ich den GEZlern und Systemschreiberlingen schon zugetraut. Doch es gibt durchaus positive Entwicklungen in Verbindung mit den aktuellen Vorkommnissen. Der vom Mensch gemachte Klimawandel scheint ad acta.

Ein Virus mit geographischen Vorzügen:

Wuhan scheint in der jüngsten Moderne eine zentrale Rolle zu spielen.

Was an diesem Standort so reizvoll ist, kann man nicht wirklich interpretieren.

Im Anhang befindet sich ein Originaltext der Internetseite *„Fenster zu China"*. Wer Zusammenhänge knüpfen möchte, kann dies gerne tun, obwohl es schon ein wenig surreal anmuten würde, es auf die aktuelle Lage zu projizieren. Wuhan jedenfalls scheint ein strategisch relevanter Ort zu sein.

„WUHAN, 31. Oktober (Xinhuanet) -- Die Niederlassungen der größten chinesischen Telekommunikationsbetreiber in zentralchinesischer Provinz Hubei kündigten am Donnerstag den Start kommerzieller 5G-Anwendungen in der Provinz an.
Die Stadt Wuhan, die Hauptstadt von Hubei, solle bis Ende 2019 über 10.000 5G Basisstationen verfügen, sagte Song Qizhu, Leiter der Hubei Provincial Communication Administration.
China Telecom habe ein 5G-Netzwerk für Flughäfen, Bahnhöfe und andere Gebiete in der Stadt eingerichtet, das auch dazu beitragen werde, die digitale und intelligente Transformation der Industrie mit 5G-Technologien voranzutreiben, sagte Li Hongbo, Gene-

ral Manager der Hubei-Niederlassung des Unternehmens.

Die Hubei-Niederlassung der China Mobile habe ab Mitte Oktober 1.580 5G Basisstationen in der Stadt aktiviert und damit die 5G-Abdeckung von Universitäten, Verkehrsknotenpunkten und anderen dicht besiedelten Gebieten erreicht, laut der Branche."[48]

Doch wer jetzt denkt das Virus hätte nur in China seine sogenannten Hotspots, der irrt gewaltig:

- In Italien, speziell im Großraum Bergamo scheint das Virus besonders aktiv.
- Auch im Süden Österreichs, Tirol und Südtirol scheinen die Erkrankungen exponentiell durch die Decke zu gehen.

Und an dieser Stelle sollte ein Ansatz nicht zu kurz kommen. Die Europäer kommen im Groben und Ganzen aus ein und demselben Genpool.

Folglich sollten die Reaktionen auf einen viralen Infekt doch annähernd auf einem Level liegen?
Doch innerhalb Europas kristallisieren sich bestimmte Gebiete als virale Hochburgen heraus. Doch diese sind nicht zwangsläufig Ballungsgebiete im herkömmlichen Sinne. Diese Tatsache wirft einige Fragen auf.

---

[48] (gemäß der Nachrichtenagentur Xinhua)

Kann es sein, dass landesintern die Immunsysteme derart unterschiedlich auf Infektionen regieren?

Warum gibt es in unserer globalisierten Welt Ballungsgebiete, die von Coronabefällen nur so überzogen werden und angrenzende Außengebiete, die nahezu verschont bleiben?

6122 angeblich bestätigte Fälle

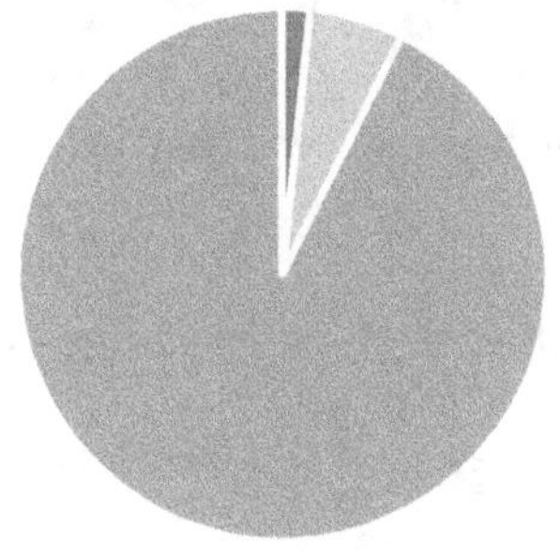

- 106 Genesene
- 351 Verstorbene
- 5665 Infizierte - machen derzeit gleich was?

Die geographische Gebundenheit des Covid 19 Erregers sollte überdacht und hinterfragt werden. Sind die Krisengebiete demographisch von Relevanz oder gar *„ersetzbar"*. Um Schweden jedenfalls scheint das Virus bis dato (03. 04. 2020) einen relativ großen Bogen gemacht zu haben.

Doch Fakt ist, dass Schweden bis zu diesem Zeitpunkt so gut wie keine Vorkehrungen gegen die Pandemie getroffen hat und trotz alledem fast unversehrt blieb.

Bessere Immunsysteme oder geographisch für das Virus unattraktiv? Wer macht die Regeln? Kommen wir jetzt zum Slapstick-Teil:

Ich war heute mit einem Freund joggen. Er ist Angestellter als Malermeister. Beim Laufen berichtete er von der Auftragslage seines Betriebs. Dieser nämlich floriert momentan! In Zeiten einer pandemischen Weltkrise mit Sicherheit eine göttliche Fügung. Es sei ihnen gegönnt!

Doch meine Neugier war geweckt.

Ich fragte ihn wie es zu einer so opulenten Auftragslage kam:

Sie würden gerade das ortsansässige Krankenhaus Zimmer um Zimmer streichen.

Ich war vollkommen irritiert.

In Zeiten der wahrscheinlich ausuferndsten Pandemie der Neuzeit werden in einem Krankenhaus einer Stadt mit ca. 105.000 Einwohnern die Krankenzimmer gestrichen.

Sollte das Krankenhaus keine anderen Sorgen plagen?

Die Begründung schlägt dem vielzitierten Fass den Boden aus. Jeder Kranke, der annähernd der Genesung nahe stand, wurde entlassen, um der anrollenden Infizierungswelle Kapazitäten bieten zu können. Doch die Welle entpuppte sich als Rinnsal und war bis heute eher eine Ebbe. Da das Krankenhaus das erste Mal, seit Gedenken der Zeit nun nahezu leer stand, sollte die Gunst der Stunde zu Renovierungszwecken genutzt werden.

Eine Pandemie, die diesen Erdenball wie ein Kraken umklammert und leerstehende Krankenhäuser?

Auf Anhieb ist hier kein Zusammenhang ersichtlich. Mittlerweile ist die Kurzarbeit auch in der Bestatter Branche angekommen, da es durch die Pandemie zu einer Untersterblichkeitsrate kam. *„Gebt uns Eure Toten!"*, hallt es durch die Gassen.

Faktisch überdeckt das Virus den systemischen Zerfall. Viele der elitären Fehlentscheider werden durch die einnehmende Präsenz des Infekts ihre beschmutzten Westen reinwaschen. Covid 19 jedenfalls wird sich nicht wehren können, den Schwarzen Peter durch die Eliten für den Systemcrash zugespielt zu bekommen.

Ob das sterbende System neu startet oder die totalitären Tendenzen weiterhin verstärkt werden, bleibt abzuwarten. Doch alles in allem bleibt für die Machthabenden die Welt weiterhin rund. Wie alle globalen Krisen wird auch dieses Pandemiefeuer in absehbarer Zeit gelöscht sein. Wer nach Erkalten der verbrannten Erde wie ein Phönix aus der Asche steigen wird, ist der „Feuerwehrmann“. Dass er auch der „Brandstifter“ war, wird vermutlich nie kommuniziert werden. Doch bei allen Spekulationen und Negativität steckt auch in dieser Krise Potential zur Genesung:

Private Ebene

- o   Das Leben, wie wir es kennen, kommt immer mehr zum Stillstand und entschleunigt sich zusehends. Komfortzonen werden beschnitten und abgeschafft.
- o   Die sogenannte Leistungsgesellschaft verliert an Relevanz oder kommt zum Erliegen. Verständnis und Mitgefühl gewinnen an Ansehen.
- o   Längst abgeschaffte Werte bekommen neuen Nährboden.
- o   Die Beschränkungen der Mobilität bringt Menschen zusammen, die sich bis dato völlig fremd

waren: Eltern und Kinder, Ehepartner und Familien.

Klar birgt der zwanghafte Zusammenschluss der entfremdeten Familien auch ein gewisses Konfliktpotential, dennoch könnte auf sozialer Basis der aktuelle Zustand reinigende Gewitter in den Köpfen und Menschen aufziehen lassen. Das längst verlorengeglaubte Konstrukt der Familie wird eine neue Chance bekommen und die Dankbarkeit und Hoffnung eine Renaissance erleben.

- o Die Wertetabellen einiger *„Höher, schneller, weiter"*-Knechte werden sich neu strukturieren.
- o In Zeiten der *„Heimarbeit"* zählt nicht mehr der teuerste Anzug. Der Porsche dient nur noch als Unterstellmöglichkeit für emsige Eichhörnchen bei Regen.
- o Das Haben gerät in den Hintergrund und das Sein erfindet sich neu. Mit dem System läuft, zumindest temporär, auch die Leistungsgesellschaft auf Grund und der sogenannte Erfolgsmensch wird um Reflektionen nicht mehr den Bogen machen können. Willkommen im Selbst, meine Damen und Herren.

Die Menschen, die in diesen Tagen an vorderster Front für die Gesellschaft kämpfen, sollen nach einkehrender Sicherheit endlich als das gesehen werden, was sie sind. Die Elite, die völlig zu Unrecht unterbezahlten

- Pflegekräfte und technischen Helfer,
- die Verkäufer/innen,
- die Ärzte und ihre Helfer,
- all diejenigen, die diese Welt ein wenig besser machen.

Es ist nun an den Menschen ihr Kurzzeitgedächtnis zu defragmentieren und den **Wahren** auch nach bestandener Krise zu Danken. Die Tatsache, dass mir beim Schreiben dieser Zeilen ein kalter Schauer über den Rücken läuft, installiert einen Heilungsprozess. Wer Heilung zulässt wird sie erlangen, die kranken Strukturen dieser Gesellschaft werden pulverisiert. In jedem Ende steckt die Chance eines Neuanfangs. Mögen die *„Können Sie mal `ne zweite Kasse aufmachen?"* Pöbeleien unter dem Mantel der Dankbarkeit erstickt werden.

„Am Ende wird alles gut. Und wenn es noch nicht gut ist, so ist es nicht das Ende."[49]

---

49 Oscar Wild

DAS GEHT JA MAL VIRAL — NACHTRAG
03. 07. 2020

Die Auswirkungen der sogenannten Pandemie sind weitestgehend verpufft. Aus einer Pandemie wurde eine abgeschwächte Grippewelle und ist Stand jetzt zu einem Schnüpperken verkommen. Medial ist das „Killervirus" dennoch präsent, nur die fehlenden Erkrankungen stehen der Glaubwürdigkeit im Wege.

Das Verhalten der Bundesregierung treibt einem nach wie vor die Schamesröte ins Gesicht. Anfangs war es den Damen und Herren anscheinend nicht möglich Maßnahmen zu ergreifen und mit steigender Hysterie wurde aus nicht ergriffenen Maßnahmen drakonischer Totalitarismus. Die völlig konfusen Ein- und Beschränkungen sollte ein Jeder am eigenen Leibe erfahren haben und mit einer gesunden Art der Skepsis belächeln können. Im Bundestag jedenfalls und in der dazugehörigen Kantine scheint die Immunität Einzug gehalten zu haben, da hier trotz nicht getragener Masken alles in geregelten Bahnen läuft. Von Pandemie keine Spur…

Die *„üblichen Verdächtigen"* mischen indes immer noch fleißig im Kampf um die Krone der Virusdiktatur mit. Aus dem Vorschlag der *„gutgemeinten"* Impfverpflichtungen des Herrn Gates sind zeitnah Forderungen der Chipung des Menschen entstanden. Ein regel-

rechter Verstoß gegen alle moralischen Werte und Gesetze.

Wie tief wird dieses Niveau noch sinken können?
Aber wer laut eigenen Aussagen das **Problem** (???)
Der Überbevölkerung durch Impfungen lösen möchte,
kann nur als überzeugter Eugeniker ausgemacht werden. Gates jedenfalls arbeitet mit Herrn Hopp (SAP) an
 seiner Seite fleißig weiter am
vermutlich schon ewig existieren-
den Impfstoff. In der Chronologie
dieses Drehbuches geht es mun-
ter weiter.

Die Mitarbeiter von fleischverarbeitenden Betrieben
scheinen aus einem unerfindlichen Grunde sehr anfäl-
lig für Covid-19 Infektionen zu sein.

Auch dieser Fakt scheint ein reiner Zufall zu sein. Ebenso die Tatsache, dass Herr Gates Investor eines Kunst-
fleischherstellenden Konzerns ist. *„Clean Meat"* soll
die Zukunft sein. Da fliegt einem doch glatt der Draht
aus dem Aluhut!

Nun folgt mein *„Kniefall"* vor den systemrelevanten
Drehbuchautoren:

Niemals hätte ich gedacht, dass das Endspiel derart ausufern könnte. Zur pandemisch eierlegenden Wollmilchsau Covid 19 gibt sich wie aus dem Nichts der *„gute, alte"* Rassismus erneut die Ehre. Es geht auf die Zielgerade. Das System zieht alle Register und nimmt den Völkern dieser Welt die Luft zum Atmen und die Zeit zum Denken. Das Schicksal dieser Welt scheint mit den nächsten Vorkommnissen zu stehen und zu fallen. Nach dem Kampf der Geschlechter (Genderwahn), der Klimahysterie (jung gegen alt).

An dieser Stelle noch Spitz-auf-Knopf ein Fakt, der sich in Corona Zeiten ergeben hat:
Durch Home-Office und Kurzarbeit reduzierte sich der Verkehr im Allgemeinen um ca. 50 %. Soweit nachvollziehbar.

Doch, was dann geschah, dürfte Greta und ihre Jünger in ihren Grundfesten erschüttert haben.

Fakt ist,
dass sich die CO_2 Werte trotz Minderung des Verkehrs um die Hälfte an den Messstellen die Waage hielten und mancher Orts sogar erhöhten! Na Hoppla! Und inmitten der Corona-Religion (Alle gegen Alle, Denunziantentum) ist nun das bewährte Schwarz- gegen Weiß-Thema erneut aufgepoppt.

Doch nach genauer Betrachtung und nüchternen Analysen ist in diesem Falle eine Besonderheit nicht von der Hand zu weisen: Das Motto birgt einen Umkehrschluss. Es sollte nicht *„Black lives matter"*, sondern *„White lives don't matter"* propagiert werden. Und das nach Auswertung der Ereignisse.

Über die Rassismus-Schiene den Rassismus 2.0 zu installieren ist ein Novum. Der weiße alte Mann im Allgemeinen ist die neue Zielscheibe und wird zum Problem hochstilisiert. Nur eines ist bei den Überschneidungen der Thematiken omnipräsent[50]:

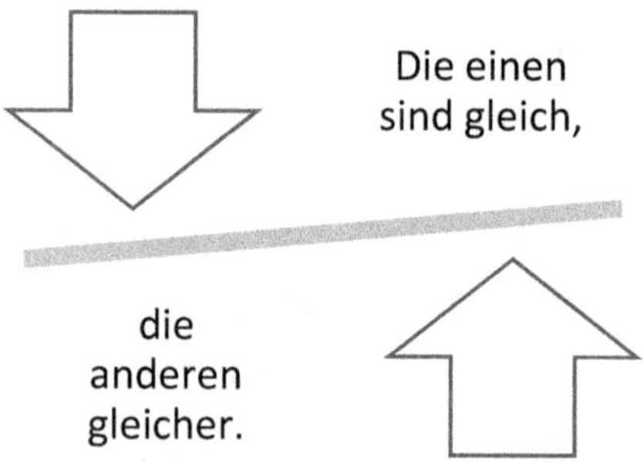

Auf den friedlichen Demos gegen die Corona-Maßnahmen werden Frauen und Alte von den Erfüllungsgehilfen des Staates körperlich misshandelt und auf der anderen Seite kapitulieren die Staatsdiener vor

---

[50] allgegenwärtig

dem wütenden Mob und rutschen vor ihnen auf Knien herum.

Wer sieht hier noch eine Verzerrung der Realitäten, eine Ungleichbehandlung und ein Messen mit zweierlei Maßstäben?
Faktisch wird soziales Dynamit auf die schlecht befestigten Straßen dieses Erdenballs geworfen und in Folge dessen tiefe Gräben zwischen die Menschen sprengen. Unser Kosmos ist zu einem Chaos verkommen. Die alte Welt taumelt wie ein angeschossenes Rehkitz umher und somit seinem Ende entgegen.

»Wir waren jene, die wussten, aber nicht verstanden, voller Informationen, aber ohne Erkenntnis, randvoll mit Wissen, aber mager an Erfahrung. So gingen wir, von uns selbst nicht aufgehalten.«[51]

---

[51] *Roger Willemsen*

NACHWORT

- Leute, ich bin raus!
- Ein Brief an die Menschlichkeit

LEUTE, ICH BIN RAUS!

Alles auf null.

Nichts geht mehr.

Keine weiteren Fragen.

Ich bin raus.

Es wird immer unerträglicher.

Egal, wo man hinkommt, egal, mit wem man spricht, es wird immer deutlicher. Diese Welt ist aus den Fugen geraten. Wenn man nüchtern und sachlich die diskutierten Themen der Öffentlichkeit analysiert, kann man nur zu einem Schluss kommen. Gestern standen wir am Abgrund und heute sind wir einen Schritt weiter.

Man stelle sich vor: Das Geldsystem ist vor einigen Jahren gecrasht. Ein Fakt. Es wird lediglich von den Banken am Leben gehalten, in dem völlig uferlos Geld, aus dem Nichts nachgedruckt wird, welches noch nicht erarbeitet wurde.

Die Folgen für uns als Personal der Machthabenden?
Mehr Produktion, mehr Konsum, mehr Wucher ist von Nöten. Ansonsten ist dieses System nicht mehr trag-

bar. Exponentielles Wachstum muss her. Auch aus dem Nichts, ähnlich des Geldes.

Doch was geschieht, wenn der Konsum gestillt und der Markt übersättigt ist?
Richtig! Das Ende der Fahnenstange. Nichts geht mehr. Das Geldsystem läuft auf Grund. Je länger dieser Zustand aufgeschoben wird, desto heftiger wird der Knall. Rechnerisch ist dieses System jedenfalls nicht mehr zu retten. Die Folgen könnt Ihr Euch an zwei Fingern abzählen. Wir versinken im Chaos und nur die Wenigsten wollen es wahrhaben. Sie werden kurzerhand als Crashpropheten in die Ecke der Verschwörungstheoretiker gestellt.

An dieser Stelle noch einmal im Klartext:

Das Geldsystem ist das System!

Mit ihm steht und fällt die Welt wie wir sie kennen. Ich hoffe, Ihr seid Euch der Tragweite eines Crashs bewusst!

- ⇒ Und was kann man dagegen machen, fragt Ihr Euch nun?
- ⇒ Kriege, in dem vom System abgeschriebenen Ländern, entfachen und die Menschen in Form von Wirtschaftsflüchtlingen umsiedeln, in der Hoffnung so den Konsum erneut auf eine neue Stufe zu heben?

⇒ Abwrackprämien preisen und Dieselfahrverbote verhängen, um der Wirtschaft erneut Leben einzuhauchen?

⇒ Farbige Plaketten für Fahrzeuge verkaufen, die demnächst so und so nirgendwo mehr fahren dürfen?

⇒ Die Menschen in einem Krankheitssystem gefangen halten, um die Pharmaindustrie künstlich aufzublähen?

⇒ Irre Werbebotschaften für völlig sinnlose Produkte unter das sedierte Volk bringen?

Kann man tatsächlich so machen, ist dann aber Scheiße!

Alternativ könnte man doch auch subtiler vorgehen: Man lenkt die Lemminge und Zombies einfach mit unbereinigtem Datenmüll ab. Man diskutiert, ob der Wolf zum Abschuss freigegeben werden soll oder initiiert Festivals gegen Hetzjagden, die niemals stattfanden. Siehe Chemnitz. Im Anschluss wird dann noch eben kurz beschlossen, dass es ein menschliches Geschlecht gibt, dass es eigentlich gar nicht gibt. Es muss das *„dritte Scheißhaus"* her. *„Auf dem dritten kackt man besser"*, sage ich nur. Am Ende logisch. Gibt ja niemanden, der es einsauen könnte. Parteiverbote gegen ungeliebte *„Volksvertreter"* sind bei unseren *„Spamverteilern"* ebenfalls hoch im Kurs. Aber völlig unnötig. Am Ende wird festgestellt, dass es nicht erlaubt ist und alles bleibt beim Alten. In einer Broschüre einer Kindergärtnerin wurde den Kindern erklärt, wie man *„Nazieltern"* enttarnt.

Ein Beispiel: Wenn Eltern ihrem Mädchen einen Zopf binden, ist die Wahrscheinlichkeit sehr groß, dass sie Nazis sind.

> Letzens sah ich in einer Serie ein afroamerikanisches Kind mit einem Zopf. Ich musste schmunzeln.

Neulich wurden von der SPD-Überlegungen angestrengt, ob es Sinn machen würde, die Kinderehe einzuführen. Und das um einige BE-völkerungsteile davor zu *„schützen"* eine Straftat zu begehen! An Perversität und krimineller Energie nicht zu überbieten. Allein der Gedanke an die Kinderehe ist zu verurteilen. Es ist ein Aufruf zur Durchführung einer Straftat.

Machen Parteiverbote am Ende etwa doch Sinn?

Und so ziehen die Tage, Wochen, Monate und Jahre ins Land und die Informationen zerschießen uns die ohnehin arg gebeutelten Synapsen. Schnurstracks in die Selbstaufgabe durch den festgestellten Hirntod.

Lasst mich raten: Ihr macht fleißig mit, bei diesem ermüdenden und belastenden Spielchen. Beim Bäcker in der Mittagspause oder beim Bierchen in der Kneipe (insofern sie das Rauchverbot noch nicht hingerafft hat) diskutiert Ihr diese minderwertigen Wortgefüge wie ein Wiederkäuer durch und lasst Euch von Euren Emotionen ins Bockshorn jagen.

Nur eines lasst Euch gesagt sein: Das grenzdebile Wiederkäuen dieser oben genannten Ablenkungsinformationen wird Euch stetig hemmen. Niemals werdet Ihr zur Quelle gelangen, in dem Ihr mit dem Strom schwimmt.

> Das Gegenteil ist erwiesenermaßen der Fall. Des Rätsels Lösung: Alternative Medien.

Es gibt sie tatsächlich. Wer suchet, der findet. Noch habt ihr Chancen auf fundiertes Wissen. Doch bald werden die alternativen Medien beschnitten, wenn nicht sogar verboten. An den entsprechenden Gesetzen wird derzeit fleißig gebastelt. Stellt heute noch den Fuß in die Tür oder verdummt für immer.

Drinnen oder draußen?
Die Tür hat nur zwei Seiten.

Am Ende jedoch wird alles ganz schnell gehen. Auch den Systembefürwortern läuft die Zeit davon. Sie werden aggressiv vorgehen. Weitere Risse in ihrer Fassade können sie sich jedenfalls nicht erlauben. Auch der Tatsache geschuldet, dass wir jetzt gerade fleißig an ihr kratzen.

Die Mainstreammeinungen solltet Ihr jedenfalls so handhaben:

Soll heißen

Macht aus der Euch angepriesenen Wahrheit eine Lüge und Ihr geratet zur Quelle.

Der Umkehrschluss als Ausschlussverfahren. Diese Abkürzung ist definitiv Zielführender als der Übliche: *„Ich fliege auf die Fresse, weil ich alles blind glaube"*-Effekt.

Ich für mein Teil habe mit diesem riesigen Apparat an überflüssigen Informationen abgeschlossen. Es kann nicht im Sinne des Erfinders sein, dass alle Welt über *„das dritte Scheißhaus"* sinniert und die wahren Probleme dieses kranken Systems noch nicht einmal im Kern angesprochen werden.

Da bin ich raus!

Ein Rockefeller spricht in aller Öffentlichkeit die neue Weltordnung aus und ich soll meine Kapazitäten mit Diskussionen über den Genderwahn verschwenden?

Da bin ich erneut raus!

Ich soll bei vollem Bewusstsein darüber Rapport halten, ob ich es für sinnvoll erachte, dass bestimmte Organe der Kirche Workshops besuchen sollen, damit sie sich nicht erneut an Kindern vergehen?

Hmmm... Ist ja bald strafrechtlich sehr leicht abzufangen, die Pädophilie. In einer Welt, in der es weder Geschlechter noch den Schutz unserer Kinder vor der viel zu frühen Ehe gibt, wird für solche Art Verbrechen eine ergiebige Grauzone erschaffen. Sternchenblende, und ich bin so was von raus!

Ein Brief an die Menschheit

Unsere Welt liegt in Scherben, der Planet in Schutt und Asche. Kriege, Neid und Missgunst, soweit das Auge reicht. Wut, Hass und Gier scheinen zu den primären Veranlagungen der Menschen geworden zu sein. Eine kleine Riege luziferischer Überreicher zieht im Hintergrund die Fäden und lässt uns an ihnen gehen. Großkonzerne regieren und die ehemaligen Staaten richten sich selbst zu Grunde.

Die Pharma- und Lebensmittelindustrien halten uns systematisch krank. Körper und Geist verkümmern zusehends. Jeder von uns wird gerade mal so gesund gehalten, dass er noch produktiv für das EINE Prozent erwirtschaftet. Wer dazu nicht in der Lage ist, gilt als entbehrlich und wird entsorgt.

Die Unterhaltungsindustrie ist ebenfalls in die okkulten Machenschaften der Eliten involviert. Pädophilie und andere Perversitäten bestimmen in diesen Kreisen den Alltag. Wer bis dahin dachte, dass diese Sitten ausschließlich den Kirchen vorbehalten wären, hat weit gefehlt.

Es herrschen keine Demokratien oder Diktaturen, wie die systemhörigen Massenmedien es uns täglich indoktrinieren. Nicht der Moslem oder der Nazi ist das

Problem. Auch nicht die völlig banalen Rechts - Links Klassifizierungen, die unser Volk teilen sollen, damit andere über uns herrschen können: Dieses winzig kleine Prozentchen.

Und schuld daran bist DU!

Du und ich. Dein Vater, deine Schwester, dein Lehrer und vor allem DU! Jeden Tag lebst du in dieser Matrix und ignorierst die Tatsache, dass wir schon seit Jahrhunderten am Abgrund stehen. Seit Jahrzehnten sind wir indes einen Schritt weiter. Deine Duldungsstarre trieb uns in den eben beschriebenen Abgrund. Solange Du lebst, hattest Du alle Antworten direkt vor Augen. Nur wolltest Du sie nicht sehen. In absoluter Eigenregie lehntest Du Deine obersten Pflichten kategorisch ab:

Die permanente Beschaffung des Wissens und die Anwendung dessen.

Im ständigen Nebel der gezielten Fehlinformation lässt Du Dich durch diese Welt schubsen, als hättest Du weder Rückgrat noch Willen. Doch was ist jetzt noch Deine Ausrede? Nun bist Du Dir der Tragweite der Systemhörigkeit bewusst. Wenn Du dich mit diesem Wissen im Hinterkopf immer noch nicht bequemst, Dein erschlafftes Hinterteil aus dem Sessel zu erheben, machst Du Dich der Mittäterschaft schuldig. Du bist gut so wie Du bist.

Nur sei einfach DU.

99 Prozent der Menschheit sind im Grunde gut und wollen nur den Frieden für sich. Und Du willst mir sagen, dass wir gegen dieses eine Prozent keine Chance hätten?

Du erkennst Deine Pflicht.

Kreiere Wissen und trage die Wahrheiten in die Welt hinaus.

Ziehe den Systemmedien den Stecker.

Entlasse Deine Parteibücher als Rauch durch den Schornstein in die Freiheit.

Lege Deine Waffen nieder und beginne zu Denken.

Verfasse Texte und schreibe Lieder, halte Reden und gehe auf die Straße. Der richtige Zeitpunkt Dein Smartphone niederzulegen war gestern. Zögere nicht und zweifle nicht. Trage Deinen Teil dazu bei, dass diese Welt wieder UNSERE wird.

Wo Recht zu Unrecht wird, wird Widerstand zur Pflicht

Du kannst nicht sagen, Du hättest von nichts gewusst.